中小企业融资问题研究

龚传洋　著

中国金融出版社

责任编辑：方　蔚
责任校对：潘　洁
责任印制：丁淮宾

图书在版编目（CIP）数据

中小企业融资问题研究/龚传洋著．—北京：中国金融出版社，2021．10
ISBN 978－7－5220－1347－3

Ⅰ．①中…　Ⅱ．①龚…　Ⅲ．①中小企业—企业融资—研究—中国　Ⅳ．①F279．243

中国版本图书馆 CIP 数据核字（2021）第 203237 号

中小企业融资问题研究
ZHONGXIAO QIYE RONGZI WENTI YANJIU

出版
发行　中国金融出版社

社址　北京市丰台区益泽路 2 号
市场开发部　（010）66024766，63805472，63439533（传真）
网 上 书 店　www．cfph．cn
　　　　　　（010）66024766，63372837（传真）
读者服务部　（010）66070833，62568380
邮编　100071
经销　新华书店
印刷　北京九州迅驰传媒文化有限公司
尺寸　155 毫米×230 毫米
印张　15
字数　164 千
版次　2021 年 11 月第 1 版
印次　2021 年 11 月第 1 次印刷
定价　58．00 元
ISBN 978－7－5220－1347－3

目　录

图目录

表目录

第一章　绪　论

1.1　研究背景和意义

1.1.1　研究背景

从国际经济的发展经验来看，为中小企业提供良好的融资环境能极大地促进国民经济的稳步增长，中小企业的良性发展也为国家（或地区）注入强劲的经济活力，带动社会经济的健康发展。

中小企业在国民经济中占有重要地位。中小企业在中国的经济发展中所起的作用越来越大，截至 2016 年 12 月 23 日，我国中小企业数目在企业总数中的比例达到 99% 以上，超过 60% 的 GDP 贡献，超过 50% 的税收贡献，创造了近 70% 的进出口贸易额，提供了 80% 左右的就业岗位。其中，中小企业完成了 65% 的发明专利、75% 以上的企业技术创新、80% 以上的新产品开发。可见，中小企业在促进就业、改善民生、稳定社会、繁荣经济、促进创新等方面发挥了巨大的作用。中小企业在促进国民经济持续快速发展，促进市场繁荣和社会稳定等方面发挥了不可替代的重要作用。

由于规模小、风险高、财务信息不透明等原因，中小企业在发展过程中会遇到很多困难，其中“融资难”和“融资贵”问题最为突出。中小企业长期以来受到融资难问题的困扰，融资渠道狭窄，资金不足已严重阻碍了中小企业的健康发展。2009 年，中国社会科学院调研组在江浙福建地区进行中小企业状况的实地调查，了解到中小企业融资难现象非常普遍。而中小企业由于没有充裕的资金运营而发生破产倒闭的事件大量出现，2008 年上半年，全国各类中小企业倒闭了 6.7 万家。到了 2008 年下半年，由于受到全球经济危机的影响，中国出口放缓，此外，国内工人工资上升、人民币升值以及原材料价格上涨等多种因素的影响，使中小企业正面临着严重的融资问题，对中小企业的发展产生了很大的影响。2013 年博鳌亚洲论坛发布的《小微企业融资发展报告》表明，中小企业存在融资难现象，超过 62.1% 的小微企业无法获得任何形式的贷款，企业的经营发展完全依靠自有资金和留存收益；在剩余的 37.9% 可获得贷款的企业中，超过 80% 的企业在最近一年仅有不到两次的贷款经历，而获得 5 次以上贷款的企业仅占 3.7%。此外中小企业的融资成本较高，超过 40% 的小微企业借款成本超过 10%。而且中小企业难以获得长期信贷支持，普遍存在“短贷长用”的现象。超过 60% 的小微企业融资期限在 1 年及 1 年以下，在 1 年以上中长期融资需求的小微企业中，短期借款的比例高达 32.9%，3 年及 3 年以上期限的贷款仅占 13.4%。这进一步加大了中小企业的经营风险，严重地危害了中小企业持续健康发展。

从资金来源划分，主要划分为内部融资和外部融资。内部融资是指通过企业自身积累而进行的融资，外部融资指企业以一定方式从企业外部筹集资金。外部融资主要分为直接融资和间接融资。直接融资是指没有任何第三方金融中介机构介入，资金需求方通过一定的融资工具向资金的供应方进行的直接融资行为。

我国中小企业目前的直接融资渠道主要有：企业内部集资、民间融资、债券融资和股权融资等。企业内部职工集资，相对来说筹集资金面狭窄，资金供应量也不够充分，不能满足中小企业发展的资金需要。虽然我国民间资金供应量较大，但是民间融资的利率一般较高，中小企业的融资成本较大，不利于中小企业的长期稳定发展，而且民间融资的利率高出国家限度很多，不受国家法律保护。民间借贷绝大部分都是地下运作的，未能公开化和市场化。短期拆借、企业投资公司（基金）投资或贷款，筹资的面相对狭窄，而且由于中小企业自身规模较小，信誉度较低，需求资金量少且时间较短，对这些机构而言承担的风险较大，一般来说很难获取这些贷款。向社会发行债券和股票避开了中间商的利息支出，而且面向全社会发行，筹集资金面广，资金供应量充分，但是发行债券和股票的要求较为严格，一般中小企业由于自身条件的限制，达不到发行的要求。

间接融资指资金需求者通过第三方金融机构为媒介而进行的融资行为。间接融资渠道主要是商业银行贷款、融资租赁、担保融资、信托融资等。由于中国金融部门偏好于政府主导的项目资金融通或者国有垄断企业的资金需求的满足，使得金融资源无法有效地配置到成长空间和最有效率的企业，大部分中小企业不能获得需求的资金。而且由于中小企业规模小，实力相对有限，难以满足当前金融体系的信贷融资需求，且他们的经营模式千差万别导致他们在经营中面临的问题也各有不同，现在金融体系缺乏满足中小企业融资需求的多样化的金融工具和手段，由于中小企业规模较小，需要的资金量较少且期限较短，而且风险相对较大，间接融资渠道受到中小企业自身条件和金融信贷政策的限制，中小企业很少能获得这些贷款。

在全部资金来源中，中小企业直接融资中债券融资和股票融资很少，它们所需资金的大部分主要依靠商业银行间接融资、自我积累或通过民间借贷取得。由于中小企业自身条件和金融政策的规定，中小企业很难获得商业银行贷款。自我积累的资金速度缓慢，满足不了企业快速发展所需资金。民间融资属于直接融资，民间资本供应量较大，融资也较为容易，但是利率较高，受国家法律限制，大部分在地下操作，未能公开化和市场化，高利率已经成为中小企业的严重财务负担。相对来说，中小企业直接融资比间接融资更有优势。可见，对中小企业的直接融资工具创新，构建合理的中小企业融资平台对促进中小企业发展至关重要。

据新华网浙江频道报道，浙江是中小企业大省，截至 2011 年 10 月，全省中小企业数目已突破 300 万家，占全省企业总数的 99% 以上，占全国总数的 8% 左右，有 80% 以上产值贡献率，有 90% 以上就业贡献率，有 60% 以上的税收贡献率和 60% 以上出口贡献率。江浙地区的中小企业中普遍存在担保协定，这在企业成长初期发挥了非常重要的作用，但是在金融危机中却会因为一家担保企业的倒闭导致其他担保企业发生群体倒闭的现象。浙江省作为中小企业大省，中小企业在发展过程中所出现的融资问题具有较强的典型性和代表性，所以以浙江省为例研究得出的结论和建议对于解决全国中小企业融资难问题具有重要的借鉴和参考意义。

我国非常重视中小企业的发展，不断改善中小企业融资环境，促进中小企业的健康发展。2010 年，中央安排了 123 亿元专项资金对中小企业进行扶持[①]。2012 年，在温州成立中小企业融资综合服务中心，帮助中小企业进行融资。2015 年，互联网金融兴起，市面上涌现出大批的个人信用借贷产品，如借呗、微粒贷、小米贷款、京东金条等，对于缺乏合适抵押物的中小企业主而言意义非常重大。

2017 年 1 ~ 3 月，小微工业企业景气指数虽仍低于景气线，但处于近两年的较高水平，产品订货量增加，去库存和去产能成效显现，生产经营状况有所改善。从国家统计局开展的小微工业企业问卷调查看，企业“融资难、融资贵”状况得到一定程度缓解。

习近平总书记在 2017 年 4 月中央政治局集体学习时，提出维护金融安全的 6 项任务，提出“金融活，经济活；金融稳，经济稳”的金融工作要求，要求各级政府部门和金融机构为实体经济创造良好融资环境，疏通资金进入实体经济的渠道，努力建设多层次资本市场，扩大直接融资渠道，加强信贷政策导向，鼓励金融机构加大对先进制造业等领域的融资服务，推进供给侧结构性改革。这为中小企业获取更多金融服务提供有利的政策支持。

李克强总理在 2017 年 5 月 3 日的国务院常务会议上指出，联合国提出的普惠金融概念，是指以可以负担的成本，为有金融服

① 全国政协十一届四次会议提案第 0144 号。

务需求的社会各阶层和群体提供适当、有效的金融服务。普惠金融可以助力破解小微企业、“三农”等融资难融资贵问题，支撑实体经济健康发展，从而保障就业，助推民生改善和经济升级。会议上部署推动大中型商业银行设立普惠金融事业部，聚焦小微企业和“三农”等提升服务能力；明确要求金融机构不能光看大企业，忽视小企业，大型商业银行2017年内要完成普惠金融事业部设立。

为引导金融机构加大对小微企业的支持力度，增加银行体系资金的稳定性，优化流动性结构，中国人民银行决定，从2018年4月25日起，下调大型商业银行、股份制商业银行、城市商业银行、非县域农村商业银行、外资银行人民币存款准备金率1个百分点；同日，上述银行将各自按照“先借先还”的顺序，使用降准释放的资金偿还其所借央行的中期借贷便利（MLF）。

长期以来中小企业一直受到融资难问题的困扰，融资渠道狭窄、资金缺乏成了中小企业发展的主要阻碍，因此需要找到解决中小企业融资问题的有效路径，拓宽中小企业的融资路径，进行中小企业融资工具的创新就迫在眉睫，为中小企业提供持续有效的资金支持。

1.1.2 研究意义

企业融资问题的相关研究已经很多，但大多是关于大型企业和上市公司的各种理论模型研究，对中小企业融资的研究相对较少，没有解决我国中小企业融资难的问题，本书对中小企业直接融资工具的创新研究主要是为了探索“集合股票”“集合可转债”

创新金融工具，为中小企业开创新的融资工具与渠道，化解中小企业融资难问题。可见，该研究具有重要的实际意义和理论意义。这一研究具有如下的实际意义。

（1）缓解中小企业融资难题。中小企业对我国经济的发展发挥了巨大的作用，但由于中小企业自身特点以及我国融资体系单一、不完善等原因，中小企业在发展过程中经常受到融资难问题的困扰，而在当今的经济环境下，中小企业融资难问题已日益突出，已经对国民经济的健康发展造成了一定的伤害。本书通过对中小企业集合可转债的研究，通过建立有效的中小企业集合解决单个中小企业无法达到上市标准而很难在资本市场直接融资问题，并通过中小企业集合可转债的经验，进一步推广到其他中小企业直接融资工具的创新，这对中小企业拓宽融资渠道，为中小企业提供良好的融资环境，促进中小企业持续健康发展具有十分重要的现实意义。

（2）降低中小企业融资成本和风险。本书通过借鉴中小企业集合债券的经验，对中小企业集合可转债进行了风险分析，发债主体结构优化分析以及定价分析，有利于中小企业有针对性地制定中小企业直接融资工具创新的对策，有效降低中小企业的融资成本和提高其融资效率，为中小企业直接融资工具的创新成功提供了保证，也为中小企业开辟了更多新的融资渠道。

（3）拓宽中小企业融资渠道，丰富资本市场的投资产品。由于我国资本市场不够发达，投资产品品种较少，中小企业融资渠道狭窄，如果中小企业直接融资工具创新成功，能够根据我国国情合理设计中小企业直接融资工具，那么不仅为更多中小企业开辟了新的融资渠道，而且为我国资本市场注入了新的活力，为投资者增加了投资品种，促进了我国资本市场更快、更健康地发展。

中小企业直接融资工具创新研究的理论意义：

（1）从融资效率的角度，通过对中小企业直接融资创新工具（中小企业集合可转债和中小企业集合股票）和中小企业其他融资模式（内部集资、银行信贷、民间借贷）进行研究，系统研究影响我国中小企业融资工具选择的各个因素，运用构建的模糊DEA评价法计算和比较其融资效率，为中小企业直接融资工具创新奠定坚实的理论基础。

（2）从融资的风险和融资主体结构优化以及融资工具定价的角度出发，借鉴新出现的中小企业融资工具——中小企业集合债券的经验，运用KMV模型对中小企业集合可转债的融资风险进行测量，运用多元T－Copla函数对中小企业集合可转债的主体结构进行优化，确定最优的发债比例，运用B—S模型对中小企业集合可转债进行定价研究，合理对其定价，有利于提高中小企业的融资效率，降低融资成本，并且有效控制中小企业的融资风险。有助于深入了解中小企业集合可转债的融资机制，并拓展中小企业直接融资工具创新的研究范围，开发多元化中小企业直接融资工具。为优化中小企业融资，优化多层次资本市场发展，提高中小企业融资效率奠定了坚实的理论基础，也是对现有中小企业直接融资工具创新理论的完善和深化。

因此，对中小企业直接融资工具的创新研究，无论对于中小企业的成功融资，还是对于资本市场的健康发展，都具有十分重要的理论意义和实际意义。

1.2 研究思路和主要研究内容

1.2.1 研究思路

为了拓宽中小企业的融资渠道，破解中小企业的融资难题，本书利用调研数据构建模型进行实证研究，根据实证结果提出中小企业直接融资工具创新建议。

首先，为了破解中小企业融资困境，通过回顾理论梳理文献进行理论分析，从中小企业融资难的原因、融资结构、融资效率、融资创新等多角度展开综合分析，为中小企业直接融资创新工具找到理论依据。

其次，通过选取国际上具有代表性的中小企业直接融资创新工具的国家（美国、日本、韩国），通过分析他们的中小企业融资的特点，以及他们为解决中小企业融资难题而创立的中小企业直接融资创新工具，并分析我国现有的中小企业直接融资创新工具，汲取国外的先进经验，为我国中小企业找到一条有效的融资途径提供帮助。

再次，以中小企业集合可转债和中小企业集合股票这两种直接融资创新工具与我国中小企业其他主要融资模式——内部集资、银行信贷及民间借贷作比较，运用模糊 DEA 法分析其融资效率的高低，为中小企业找到直接融资工具创新的实践基础。

最后，从融资的风险和融资主体结构优化以及融资工具定价的角度出发，借鉴新出现的中小企业融资工具——中小企业集合债券的经验，运用 KMV 模型对中小企业集合可转债的融资风险进行测量，运用多元 T—Copla 函数对中小企业集合可转债的主体结构进行优化，确定最优的发债比例，运用 B—S 模型对中小企业集合可转债进行定价研究。并在此基础上，提出了对中小企业集合可转债和中小企业集合股票的建议，拓宽中小企业的融资渠道，促进中小企业的发展。具体研究思路图如图 1－1 所示：

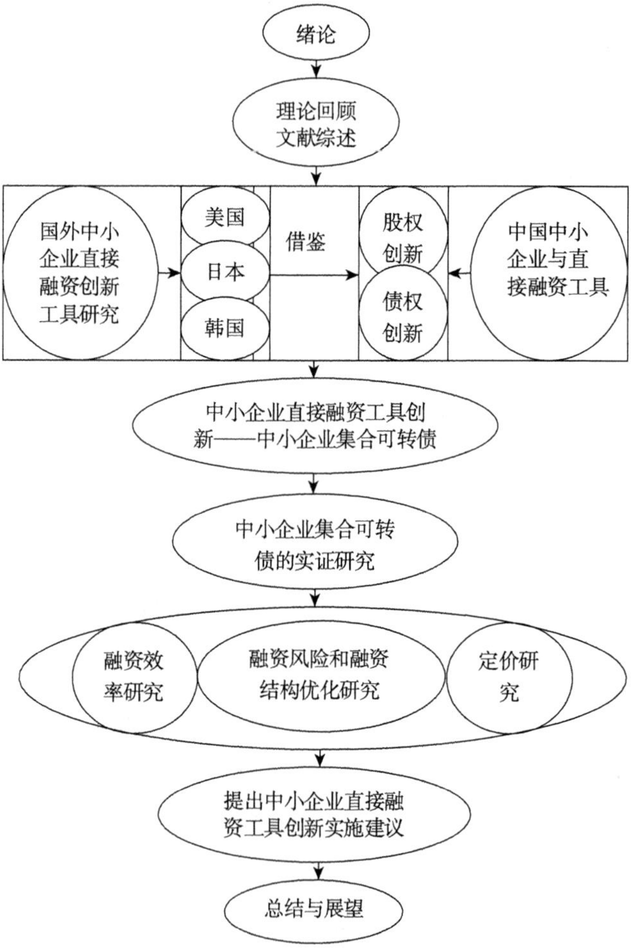

图 1－1　研究思路

1.2.2 主要研究内容

本书将内容分为以下九个部分：

第一章为绪论。本章首先阐述了中小企业直接融资工具创新的背景和意义，然后明确了本书的研究目的，并对本书在研究中所运用的方法做了简要的说明，同时提出了本书的研究思路和文章架构的安排，最后对本书创新之处加以说明。

第二章为文献综述。本章首先对中小企业融资难的原因进行分析，然后对中小企业的融资结构进行分析，再对中小企业的融资效率进行研究，最后对中小企业的融资创新做研究，分别从制度创新和融资工具创新等方面来分析，探究中小企业融资工具创新的理论基础和实际意义。

第三章为中小企业直接融资工具创新现状研究。本章首先选取了三个具有典型特点的中小企业直接融资创新工具国家——美国、日本、韩国进行了详细的研究，分别从他们的融资特点以及直接融资创新工具方面进行了分析，并总结了他们的经验以及对中国中小企业直接融资工具创新的启示。然后对我国股权创新和债权创新两个方面的直接融资创新工具做了详细分析，提出了中小企业直接融资工具创新建议。

第四章为中小企业直接融资工具创新——中小企业集合可转债。本章在总结了中小企业新出现的融资工具——中小企业集合债券经验的基础上，对中小企业集合可转债的相关概念作了界定，分析了中小企业集合可转债发行的意义，并分析了中小企业集合可转债的主要关系方，为下面章节的展开奠定了分析的基础。

第五章为中小企业集合可转债融资效率分析。本章从融资效率的角度出发，运用构建的模糊 DEA 法对中小企业集合可转债融资效率进行实证研究，并和中小企业其他主要融资模式融资效率作比较，根据研究的结论提出了相应的建议。

第六章为中小企业集合可转债的风险研究。本章首先运用了 KMV 模型对中小企业集合可转债的融资风险进行了测量，其次在此基础上运用多元 T—Copula 函数对中小企业发债主体结构进行优化研究，确定发债企业的最优发债比例，降低中小企业集合可转债的发行风险，保证中小企业集合可转债的成功发行。

第七章为中小企业集合可转债的定价研究。本章运用 B—S 模型进行定价分析，通过对中小企业集合可转债进行合理定价，进一步降低中小企业集合可转债的融资风险，保证中小企业集合可转债的顺利发行，并提出相应的建议。

第八章为中小企业直接融资工具创新实施建议。本章基于前三章的实证分析结果，结合中小企业集合可转债具体的特点，探讨了从哪些方面对中小企业集合可转债和中小企业集合股票进行产品设计，分别从中小企业自身的角度、市场的角度、政府的角度、中介机构的角度等多方面进行分析，并提出相应的建议，希望能够为中小企业集合可转债和中小企业集合股票的将来运营提供一些借鉴参考。

第九章为研究结论和展望。本章首先对全书进行了总结，简要分析了中小企业融资难的内外原因。其次对中小企业融资进行了展望，最后提出了要破解中小企业融资难题，需要拓宽中小企业融资渠道，加大中小企业直接融资工具创新的观点。

1.3 研究方法

通过大量的文献资料，并经过分析、总结、归纳，探索中小企业融资难问题的根源，提出研究问题，并与专家学者进行交流讨论，探讨中小企业融资难的破解途径，实地调研获取相关数据，构建模型并进行实际样本数据测算，得出结论。提出了中小企业直接融资工具创新的构想，并给出了相应的建议。借鉴金融学、管理学、经济学、社会学等多门学科的理论知识和技术经验，系统分析构架解决方案，在研究中体现了理论分析、模型构建与实例研究相结合的过程，写作过程中综合运用多种研究方法：

（1）定性分析与定量分析相结合的方法。通过文献研究进行规范分析，具体实证过程是利用调查获取的数据，构建相应的函数模型，使用软件 Lingo、SPSS 和 matlab、Eview 进行数据运算和统计分析，在这其中运用了模糊 DEA 法和 KMV 模型、merton 函数、多元 T—Copula 函数、B—S 模型和期权定价理论等进行了实证研究。

（2）访谈调查的研究方法。在分析中小企业融资难问题的过程中，通过中小企业融资现状的问卷调查和访谈调研，根据收集的资料，多维度多层次进行分析和提炼，积极探索中小企业融资难题的有效解决途径。

（3）归纳分析法与演绎推理法相结合。通过分析对比中外中小企业融资特点以及融资工具创新，抽象归纳出我国中小企业融资难的根源，然后分别从融资效率和融资风险、融资结构优化的角度建立相应的模型进行实证分析，得出结论，提出了中小企业直接融资工具创新的构想。

1.4 研究创新之处

本书的创新点主要有以下四个方面：

（1）从融资效率的角度分析，将中小企业集合可转债和中小企业集合股票这两种直接融资工具与我国中小企业其他主要融资模式——内部集资、银行信贷及民间借贷作比较，系统研究影响我国中小企业融资效率的各个因素，运用构建的模糊 DEA 法分析其融资效率的高低，为中小企业找到直接融资工具创新的实践基础。

（2）从融资的风险和融资主体结构优化的角度出发，借鉴新出现的中小企业融资工具——中小企业集合债券的经验，首先运用 KMV 模型对中小企业集合可转债的融资风险进行测量，然后运用多元 T—Copla 函数对中小企业集合可转债的主体结构进行优化，确定最优的发债比例。有利于提高中小企业的融资效率，降低融资成本，并且有效控制中小企业的融资风险。

（3）从融资工具定价的角度分析，本书运用 B—S 模型对中小企业集合可转债进行定价研究，合理对其定价，保证中小企业集合可转债的发行成功，并且有助于优化中小企业融资，开发多元化中小企业融资工具，提高中小企业融资效率。

（4）根据对中小企业集合可转债实证分析的结果，总结中小企业集合债券的经验，针对我国中小企业融资渠道狭窄的特点，分别从中小企业自身角度、政府的角度、市场的角度、中介机构的角度分析了中小企业融资创新工具的发行条件，提出了相应的建议。

第二章　文献综述

自20世纪中叶以来，中外经济学家对中小企业的融资问题进行了深入研究。中小企业融资渠道较少，融资工具创新产品相对较少，关于这方面的研究也较少，本书先对中小企业融资、融资结构理论及相关研究进行梳理综述，然后对中小企业融资创新的研究进行回顾归纳。

2.1　中小企业融资难方面的研究

中小企业融资难是个世界性的问题，学者从多个不同的角度来对这一难题进行了相关的研究和分析。

2.1.1　中小企业融资难的理论研究

（1）资金缺口理论

20世纪20年代末开始，西方主要资本主义国家遭遇了经济危机——大萧条时期，中小企业融资难问题凸显，危机过后，英国经济学家麦克米伦提供的调查报告提到中小企业在发展过程中的瓶颈问题——资金缺口。研究发现，金融系统愿意提供的资金数额已经无法满足中小企业对资本和债务的需求。中小企业的长期资本供给短缺的现象十分突出，尤其是对那些仅仅依靠初始出资人资金的，但规模又尚未达到足以在公开市场上融资的企业。这种需求得不到满足制约着很多中小企业的进一步发展，也成为其持续成长的重要阻碍因素之一。这就是著名的“麦克米伦缺口”。“麦克米伦缺口”一经提出，立即引起西方各国政府对中小企业问题的关注，进而展开理论上与实务上的研究。Ray（1983）将资金缺口解释为以下两种情况：①当小企业投资的边际收益大于边际成本，但由于资金供给的中断而不能进行有盈利潜力的投资；②当小企业获得资金的货币成本过度超过大企业的该成本，致使小企业无法通过正常投资来实现其增长潜力。

（2）信贷配给缺口理论

信贷配给是信息不对称背景下融资理论的经典议题，一般认为，中小企业的特点决定了银行信贷是其发展过程中重要的融资来源之一。多项研究证明，中小企业信贷市场是一个不能出清的市场，需求方存在信贷缺口，一般认为，中小企业与银行之间信息不对称的问题更加严重，从而使得银行对中小企业在信贷问题上进行差别对待。Fazzari 和 Athey 在 20 世纪 80 年代后期的一些实证研究发现，信贷市场上借贷双方的信息不对称性使一些企业融资受到限制，而这些融资限制对其投资决策产生了重要影响。

Stiglitz 和 Weiss（1981）用 S—W 模型证明了信息不对称所导致的逆向选择与道德风险是产生信贷供给的根本原因，银行的贷款供给不一定是贷款利率的单调增函数。由于中小企业与银行之间没有形成顺畅的信息传递机制，中小企业在“道德风险”和“逆向选择”上问题较为严重。商业银行等金融机构在追求安全性、盈利性与流动性的统一时谨慎对待中小企业的融资需求。这样就会产生信贷配给缺口。

（3）融资成本理论

①古典货币利息理论

古典的货币和利息理论研究得出，利息是资金时间价值的表现形式之一，一方面，从其形式上看，是货币所有者因为发出货币资金而从借款者手中获得的报酬；另一方面，它是借贷者使用货币资金必须支付的代价。利息实质上是利润的一部分，是利润的特殊转化形式。货币供应和需求决定利率水平的高低。利率产生的主要原因是延迟消费、通胀预期、代替性投资、投资风险和流动性偏好等。借款人因此需要补偿资金持有人在此期间的损失，利率就成为了一种补偿，在市场利率机制的作用下让供需双方最终趋于均衡。利率管制等市场外部因素导致了货币市场供求关系的缺口。中小企业因为较高的融资单位成本和边际成本，自有资本的匮乏，抵押资产的缺失，现金流情况的相对不稳定等诸多因素导致中小企业融资困难更大，所以，相对大企业而言，小企业会面临更多的资金短缺困难。

②赫奇曼风险模型

Hochman（1971）通过对企业的违约率、企业的贷款规模、银行的预期收益、利率（贷款成本）之间的关系进行研究，并建立模型分析。结果表明，最优数量贷款并不随利率上升而上升，当利率超过最优点以后，随着利率的上升银行的最优贷款数量反而下降，并求得最优利率和最优贷款数量。赫奇曼认为，中小企业融资的边际成本相对较高，往往大于最优贷利率，使得企业融资需求和银行贷款供给皆减少，所以导致中小企业融资贷款困难。

2.1.2　中小企业融资难的原因研究

众多学者从不同的角度对中小企业融资难原因进行了分析研究，发现了中小企业自身、中小企业外部环境如制度、信用问题、担保体系、银企信息不对称等问题。

（1）中小企业自身

国内研究中小企业融资难问题的资深学者陈晓红（2000）认为，中小企业融资难的原因主要是大部分的中小企业自身素质差、财力物力有限、生产设备技术落后，生产的终端产品和大企业生产的产品类似，而不是生产与大企业配套的中间商品和服务，这样和大企业的产品相竞争，随着竞争的加剧，经营效益变得较差。成兵（2006）通过对中小企业融资的现状进行调查研究，指出由于大多数中小企业是家族制企业，缺少规范化的内部管理监督，中小企业融资难的最根本的原因就是企业自身的因素。

Jasper Klewer（2014）认为，中小企业往往追求短期利益，追求高风险的投资，放弃能够带来长期效益的新产品研发等中长期项目，将短期贷款用于长期投资的现象也是屡见不鲜，一旦产品销售不畅，易引发资金短缺的危机。

（2）中小企业信用问题

Berger 和 Udell（1998）指出，中小企业融资最大的特点恰恰在于中小企业的财务状况缺乏透明度。范飞龙（2002）认为，由于中小企业存在规模小、经济实力弱、运营风险大等特点，中小企业融资过程中出现的“逆向选择”和“道德风险”就是中小企业信用能力不足导致的。史本山、郭彩虹（2004）提出，金融机构并不完全了解中小企业经营者有关自身能力、经营管理水平、经济效率、盈利能力等真实信息，这就造成了中小企业融资过程中的信息不对称现象。中小企业为了使融资能够成功，会主动提供自己的相关信息，金融机构和中小企业之间进行信号传递博弈。Beck（2006）则指出信息结构会影响资金成本以及信贷契约的执行，从而影响银行的贷款供给意愿。肖新军（2007）认为，企业信用缺失、社会信用体系不健全、中小企业自身素质的局限性、间接融资渠道受限等是中小企业融资难题的成因。

Robert W Matthes（2014）提出，应建立国家政策性银行或中小企业金融机构，主要为中小企业提供专项的信用担保，专门扶植中小企业发展；建立专业化产权交易系统，促进多层次、多侧面融资体系的建立。

（3）银企信息不对称问题

李志赟（2002）认为，中小企业的非匀质性（heterogeneity）、贷款抵押和交易成本是影响中小企业从银行获得信贷三个主要因素；缓和信息不对称程度、增加贷款抵押、降低交易成本，都将使中小企业得到的信贷增加。进一步，在一定的前提假设下，引入中小金融机构将使中小企业得到的信贷增加，增加社会的总体福利；并且在中小金融机构的信息优势、数量和中小企业的融资总额之间存在着正向关系。楚爱丽（2006）认为，银行和中小企业之间存在着信息不对称，中小企业对自己的经营业绩和信贷资金风险等真实情况较为清楚，而银行信贷部门则较难获得这方面的真实情况。银行与企业间存在着信息的不对称，使银行贷款面临企业逃债的道德风险，银行不愿意贷款，进而导致中小企业融资较为困难。黄明刚、杨晌曲（2016）认为，中小企业融资难的主要原因在于银行与中小企业之间的信息不对称，而信息不对称会导致银行的逆向选择、道德风险和信贷配给不足等问题。

（4）政府政策和制度问题

制度是中小企业融资的主要影响因素，而制度上的供给不足则是造成中小企业融资困境的主要外部条件。马方方（2001）认为，中小企业融资难的根源就是金融制度运行的困境。中国中小企业的金融压抑除了来自金融交易中普遍存在的由于信息不对称等因素而造成的市场失效以外，还受到转型经济所特有的制度障碍和结构缺陷的影响。周兆生（2003）认为，中小企业融资难最根本的原因在于制度，银行的风险控制能力使得高风险、高收益的投资方式不适合银行，也不适合贷款；普通债务合同不足以防范具有较高风险的中小企业投资；而且中小企业治理结构的不完善也会导致企业经营者的控制权难以制约、企业财务制度不健全、投资者的权益难以保障等现象。茹莉（2013）提出，中小企业融资难问题的主要原因：一是企业自身能力欠缺，不具备充足的融资吸引力，二是现有的金融体系不健全，融资渠道狭窄。王黎华等（2016）则认为，迫于政府对资本流动性的管制，金融机构往往减少对中小企业的放贷量；而且政府对民间资本借贷的法律管制，抑制了这类企业更进一步减少了市场资金供给，使中小企业融资的渠道变得更加狭窄。袁剑（2017）提出，政府、金融机构和中小企业共同努力解决中小企业融资难问题，政府通过完善和发展资本市场，建立健全市场交易机制和信用体系来促进中小企业融资渠道多样化；金融机构应完善融资机制、改善融资服务水平；中小企业应着力提升自身素质。

（5）担保体制问题

傅建华（1998）通过对上海市中小企业的发展状况进行问卷调查发现，资金融通上的困难是上海中小企业发展遇到的普遍问题，它涉及中小企业的融资机制、产业结构、市场状况和社会环境等诸多因素。李大武（2001）从银行、企业自身、政府融资服务三个方面全面分析了中小企业融资困难的深层原因：银行认识上的偏差和管理体制的缺陷；中小企业自身竞争力弱、信息不对称严重、道德风险较高；政府缺乏扶持，信用担保、抵押担保体制不健全等。晏露蓉等（2007）认为，担保难是造成中小企业融资难的主要症结之一，而目前中小企业“担保难”与金融机构“难担保”问题并存主要是传统担保模式风险收益不匹配造成的。马松等（2014）、陆宇锋（2015）等认为，通过建立政策性担保机构，健全和完善我国政策性融资担保机制，能够有效解决中小企业融资问题。罗志华、黄亚光（2017）认为，完善政策性融资担保体系和商业性融资担保体系，可以解决中小企业融资难问题。

2.2 中小企业融资结构方面的研究

2.2.1 中小企业融资结构的理论研究

（1）融资结构理论

美国财务金融学家杜兰特（1952）提出了融资结构理论，把早期资本结构理论划分为三种——净收益理论（Net Income Theory）、净营业收益理论（Net Operating Income Theory）和传统理论（Traditional Theory），该理论夸大了财务杠杆效应，对财务风险考虑不足，夸大了财务风险却忽略了财务杠杆的效应。美国金融学家莫迪格利安和米勒（1958）提出了现代融资结构理论——MM理论。MM 理论设定了许多假设，在此基础上认为在无税负条件下，企业资本结构不会影响企业价值和资本成本。

（2）代理成本理论

詹森和麦克林（1976）提出代理成本理论，他们放宽了 MM 理论中关于无破产成本的假设，认为企业在进行融资决策时，除了必须权衡独立性与预期现金流的关系，还要考虑企业的代理成本。Rajan 和 Zingales（1995）提出如果人们将企业融资的委托代理问题纳入中小企业融资问题研究中，考虑企业代理成本，对于中小企业而言，信息不对称的问题将更加严重，这对企业的融资能力和融资条件将产生相当大的影响。

（3）优序融资理论

Myers 和 N. S. Majluf（1984）认为，各种融资方式的信息约束条件和向投资者传递的信号是不同的，由此而产生的融资成本及其对企业市场价值的影响也存在差异，企业的融资决策是根据成本最小化的原则来依次选择不同的融资方式，为了提升企业价值，融资应遵循内部融资—债务融资—股权融资的顺序，由此提出了优序融资理论（Pecking Order Theory）。

（4）信号理论

Ross（1977）认为，公司经理会追求个人利益最大化目标，公司价值和其利益呈现正相关关系。在均衡状态下，公司经理会使用负债比例来向投资者传递企业利润分布的信息。而且，企业质量和破产概率呈现负相关关系，和负债率呈现正相关关系，所以投资者就会将较高的负债率看作是企业高质量的表现。

Dimanod（1991）把声誉作为一种信号引入到信贷中，认为不同借款者由于声誉的不同可以建立属于自己的信贷均衡，往往信誉高的借款者由于融资渠道的多元化总能获得贷款，而低声誉者因常常得不到贷款而没有良好记录，信贷机构越来越不会给其贷款。

2.2.2 中小企业融资的结构特点研究

Berger A. N 和 Udell G F（1998 ）根据美国小企业管理局（SBA）提供的数据对小企业进行研究表明，美国小企业的股权融资约占其总资产的 49.63%，债务融资则占总资产的 50.37%。Cosh、Hughes（1998）通过研究英国的大企业与中小企业的融资结构，发现小企业固定资产与总资产比率低，负债与总资产比率较高，从银行获取的贷款较多，而通过股权融资获得的资金较少，而且中小企业短期的债务较多，长期的债务较少，留存收益和投资资金比率较高。由于小企业有较高的负债率和违约率，其财务风险也较高。Allen N. Berger 和 Gregory F. udell（2006）研究表明，科技型公司最重要的资金来源是内部融资，债券融资所占比例很小，而权益融资是外部融资的主要来源。

张杰、尚长风（2006）利用中国江苏省小企业数据研究发现中小企业所有者权益偏高。安郁厚、刘海英（2007）研究发现，中小企业外部融资的主要来源是外部借债，其中短期信用和贷款是资金的最主要来源方式。Ivan、Martina（ 2008）提出和企业其他各种融资方式相比，内源融资更具有优势。Dewaelheyns 等（2011）研究表明，在西方发达国家，中小企业融资总额中内源融资的比例往往较高。张涛等（2015）认为，由于内源融资具有决策灵活高效、外部条件限制少等优势，中国中小企业运用内源融资方式较为广泛，但这种融资模式有一定的局限性，尤其是对产业结构调整会产生较多不利影响。

2.2.3 中小企业融资的结构影响因素研究

Berger A. N 和 Udell G F（1998）根据美国小企业管理局（SBA）提供的数据对小企业进行研究，发现他们把企业的成长周期划分为“婴儿期”“青少年期”“中年期”和“老年期”四个阶段，统计出不同成长阶段和不同规模的中小企业融资结构。从企业成长周期的融资结构看，债务融资的比率在婴儿期和青少年期先上升，进入中年期以后再下降；股权融资比率则相反，呈先下降后上升的趋势。

Berger（1998）发现，涉及大银行的银行间合并通常会使对中小企业贷款大大减少，小银行间的合并则会导致对中小企业贷款的增加。Barbosa 和 Moraes（2003）指出，企业规模、资产构成和经营周期是中小企业融资结构选择的三个最主要决定因素，其他影响因素还包括企业经营风险、盈利性、增长率、所属行业、通胀率以及所有者的风险容忍度等。Teresa Hogan 和 Elaine HutsonMost（2005）认为，影响企业融资决策的因素十分广泛，包括文化、企业家特性、企业家在资本市场经历、公司年龄与规模、负债权益率、风险意识和个人风险偏好等。Dries Heyman

（2008）的研究表明，信息不对称和代理成本是中小企业融资结构的主要决定因素，并且高成长性、拥有较少的有形资产或者更多盈利的企业往往负债率更低。杨艳（2018）通过实证研究表明，企业规模、盈利能力、偿债能力和资产抵押价值都对中小企业融资结构有显著的影响。

2.3 中小企业融资效率方面的研究

企业融资效率的高低对中小企业的发展会产生重大影响。和西方发达国家比较，我国金融市场还远不够完善，相关的法律政策还不够健全；另外，由于中小企业自身的原因，融资效率已经严重制约了我国中小企业发展。要解决该问题，除了对融资效率进行界定分析外，还要研究融资效率的影响因素，为提高中小企业的融资效率提出可行性的政策建议。对于中小企业的融资效率，国内外学者做了一定的研究，现总结如下。

2.3.1 中小企业融资效率的界定

企业的融资效率包含了三方面的内容，一是企业能否顺利地获取所需的资金；二是企业通过哪些渠道获得所需资金；三是企业以什么样的方式筹集资金。王明华（2000）从资金趋利性角度出发，指出企业融资过程实质上是一种资金供求表现出来的资源配置过程。陈晓红（2003）认为，效率是单位时间、空间的投入或产出，融资效率的高低是指一定的空间、时间界限内融资投入或产出的评价。马亚军和宋林（2004）认为，企业的融资效率，一是企业是否能够以较低的成本筹集到发展所需的资金，二是企业能否有效地利用筹集到的资金。郑文博（2004）指出融资效率的高低是在一定的时空界限内融资的投入产出比率。

王新红（2007）研究认为，融资效率是企业为了生产经营筹集资金的能力，以及运用这些资金为企业所带来收益的能力。王莉（2010）指出，企业的融资效率包括资金融入企业的效率、公司治理的效率以及资金融出企业的效率。企业的融资效率为“企业在不同治理结构的基础上，以最低的风险和成本为企业筹集到发展所需的资金，并利用筹集的资金为企业带来最高利润的能力”。邢道均（2011）认为，企业的融资有效率是指企业的资金配置达到了帕累托最优，即以最小融资成本实现筹集到的资金的利润最大化。胡旭薇（2013）认为，企业融资效率是企业基于外部环境以及自身内部因素的双重影响下，能够以低成本赢得资源与效益的能力。

2.3.2　中小企业融资工具融资效率的影响因素

企业融资效率的影响因素主要分为两个方面。一是宏观层面，包括经济发展水平、制度因素、市场化程度、金融政策等。二是微观层面，包括企业的融资成本、企业规模、企业融资结构以及资金的利用率等。

Nasierowski 和 Arcelus（2003）运用数据包络分析（DEA）方法二阶段 I/M/O 模式探讨了世界竞争力报告中的 45 个国家和地区创新系统的效率评价问题。高友才（2003）认为，要提高我国企业融资效率，必须从根本上解决融资效率的制度性前提。郑文博（2004）认为，在中小企业的各种融资渠道中，内部融资效率 > 债权融资效率 > 股权融资效率。付明明（2005）认为，关系型融资可较好地解决信息不对称问题，提高融资效率，而且也有利于控制企业的机会主义行为，并创造声誉价值和特殊关系价值。邹湘娟（2006）指出，“传统方法往往很难避免主观性，同时不同的评价对象指标之间重要性差异可能导致评价不公正，DEA 从最有利于决策单元的角度进行评价，注重每一个决策单元的优化，能够指出有关指标的调整方向”。王新红（2007）运用 DEA 方法对我国高新技术企业融资效率进行了实证分析，结果表明，我国高新技术企业的融资效率整体低下。张琦（2010）引入共生概念并以其为分析工具对中小企业的融资风险和融资效率进行研究，发现集群内企业的系统总风险要明显低于集群外企业融资总风险，且共生机制赋予了中小企业集合债券更低的融资风险和更高的融资效率。

刘克和王岚（2010）通过构建理论模型，研究产业集群中企业间的网络关系如何影响企业外部融资效率。黄伟芳（2012）分别运用 DEA 和超效率 DEA 评价方法对比分析了中小企业板融资企业、创业板融资企业及中小企业集合债券的融资效率，研究发现，中小企业集合债券整体融资效率高于中小企业板，但低于创业板；已发行的中小企业集合债券中，就债券种类而言，“10 武中小债”和“07 深中小债”的融资效率较高，就行业而言，专用设备制造业融资企业的融资效率偏高；回归结果表明，各个因素对融资效率影响的作用大小顺序依次为信用等级、资产负债率、企业效益。

刘千（2013）利用主成分分析法考察了中小企业融资效率的

影响因素，为中国东北地区中小企业融资提供了相关建议。周颖和沙磊（2013）采用统计学方法对集合债券融资企业运营的关联度、差异度、财务的关联度等特征指标与融资效率的关系进行实证分析，得出企业间运营关联度、差异度与融资效率呈正相关关系，而集合债券融资企业所属行业间关联度与融资效率呈负相关关系。Zhou、Tian 和 Liao（2013）等基于 DEA 模型实证考察了中国上市家族企业的融资结构治理效率，其实证结果显示，大多数家族企业达不到 DEA 效率，其技术效率相对较低，不能实现规模经济。崔杰、胡海青和张道宏（2014）在研究企业融资效率影响因素中发现，融资成本对融资效率的影响相对较小，影响程度最大的是企业自身素质及主营业务情况，其余的如盈利能力和偿债能力等因素影响不足。黄玉英等（2015）抽样调查了浙江 306 家中小企业，对其进行中小企业融资效率影响因素分析，结果表明，银行和政府政策会对中小企业融资效率起重要作用。

2.4　中小企业直接融资工具创新方面的研究

2.4.1　融资政策创新方面的研究

Ana（1991）指出，与大企业不同，中小企业由于受到直接融资渠道的限制，在与金融机构就具体条款的谈判当中往往处于较弱的地位，这就使得中小企业很难享受到优惠性的条款。进一步地，多数金融机构通常会在债务合约中订立相当数量的约束性条款，这些条款要求借款人定期提供有关财务信息，从而赋予金融机构更强的控制能力，以防止借款人从事风险转移的行为。另外，由于一些中小型的企业甚至没有经过审计的财务报表，无法适用有效的条款，因此，金融机构往往需要用较短的期限来代替这些条款，以达到约束借款人行为的目的。

Banerje 等（1994）提出了两种假说。一种是“长期互动”假说。这种假说认为，中小金融机构一般是地方性金融机构，专门为地方中小企业提供服务。通过这种长期的合作关系，中小金融机构对地方中小企业经营状况的了解程度逐渐增加。这就有助于解决存在于金融机构与中小企业之间的信息不对称问题。另一种假说为“共同监督”假说。这种假说尤其适合于合作型的中小金融机构。该假说认为，即使中小金融机构不能真正了解地方中小企业的经营状况，从而不能对中小企业实施有效的监督，但为了大家的共同利益，合作组织中的中小企业之间会自我监督。一般来说，这种监督要比金融机构的监督更为有效。与之相比，大型金融机构一般不拥有这种信息优势。这是因为：第一，即使它在地方上设有分支机构，其经理人员也会经常调换，使得其对地方企业的了解程度相对较差。第二，即使这些地方分支机构的经理人员能够了解中小企业的经营状况，他们也很难向其上级机构传递中小企业的经营信息，因为中小企业缺乏经营透明度的一个关键特征是其信息不具有“公开性”。第三，由于规模经济效应，单位贷款处理成本随贷款规模的上升而下降，大型金融机构一般更愿意贷款给规模大的大型企业，因此他们往往会忽视对中小企业的贷款，这就很难与中小企业建立长期稳定的合作关系，很难解决存在于金融机构与中小企业之间的信息不对称问题。大型金融机构，尤其是在银行业垄断经营的情况下，倾向于较少地为中小企业提供贷款。因此可以通过“小银行”来给中小企业多提供一条直接融资渠道。

樊纲（2000）提出，要积极地发展非国有银行，同时为避免人们的“市场选择”扭曲，提出“对非国有银行的存款人提供与国家银行同等的社会担保”。韦曙林（2002）提出了“所有权制度”“市场制度”“宏观监管制度”三方面的中小企业融资创新实现路径。陈晓红（2003）是国内最早研究中小企业融资的学者之一，她在较为系统全面地阐述了对传统的内源融资、债权融资和股权融资外，又提出了建立国内中小企业信用担保体系和开展信用担保融资等创新渠道进行融资的建议。Jayaratne 和 Wonken（2004）的实证研究发现，银行规模与银行对中小企业的贷款比率之间存在负相关关系，即小银行比大银行更加倾向于向中小企业提供贷款。大银行为中小企业提供融资服务时，单位资金的交易成本和信息成本相对较高，很难与中小企业建立稳定、紧密的合作关系。与大银行的情形不同，中小银行的服务对象比较集中于特定的较小区域内。小银行对于所在地区内数量众多的中小企业的经营管理和资信状况比较了解，而且容易建立起持续的信息积累。

在直接融资创新方面，夏斌（2005）提出，要创新股权融资政策和债权融资政策，包括充分发挥保险的特殊功能，特别重视发挥融资租赁公司的作用以及放开贷款利率等，开发满足中小企业需要和符合中小金融机构要求的融资产品及直接融资渠道等途径。方中秀（2006）认为，在我国现有金融管理体制下，商业银行进行信贷创新实际上是一件很困难的事情。解决对策就是金融租赁。提出融资租赁具有独特的优势：可以降低中小企业的融资门槛、延长资金融通期限，加大中小企业的现金流量；避免通货膨胀的不利影响，防范汇率、利率风险；最大化地消除信息不对称问题，有利于消除现有中小企业融资渠道的症结。Beck 和 Asli Demirguckunt（2006）总结了中小企业直接融资渠道的相关研究，并指出尽管中小企业对于经济成长贡献不少，但中小企业面临成长限制，拥有较少的外部融资的正规渠道，金融机构的发展能缓解这一矛盾，只要能够实现风险信息共享与形成更具竞争力的银行业结构。古赞歌和卜庆军（2006）指出了中小企业集群融资中存在的“直接融资渠道狭窄，集群内企业投资不足”等问题。

刘峰和郑垂勇（2007）、林忠（2006）就我国中小企业集群的融资优势作出了相关分析。吴小瑾和陈晓红（2008）构建了中小企业集群融资的理论框架，还对其关键技术进行了理论和实证分析，并对企业、金融机构、政府等主体应当发挥的作用进行了详尽分析。孙林杰、许智超和高丽军（2008）通过系统模拟的方法研究中小企业融资创新，将政府、金融机构、中小企业三者视为系统主体，以它们构成的大系统作为研究对象，用复杂系统的相关理论知识，研究如何构建中小企业融资创新体系，模拟融资体系的演进。机制与体制的创新是中小企业融资创新的一个重要环节。在融资创新的政策设计和建议方面，陈晓尘（2008）在分析比较了美国、日本两国较先进的中小企业融资模式后，阐述了我国中小企业融资创新政策体系建设的思路和原则，提出了“建设多层次的资本市场体系架构”等促进我国中小企业融资创新优化的措施建议。张娜和黄咏梅（2008）分析了我国中小企业进行夹层融资的内外动因。王性玉和车存保（2008）则提出，在我国实行夹层融资时，法律制度的匹配、风险控制的探讨、定价等三方面值得特别注意与探讨的问题。尹丹莉（2011）通过对国外发展中小企业融资的研究，提出了中小企业融资问题的解决需要国家进行金融方面的创新。林毅夫（2014）认为，应分类解决中小企业融资难题。通过发展地区性中小银行、鼓励现有商业银行加强业务创新，大力发展天使投资、风险投资、互联网金融、私募股权等措施来解决中小企业融资难题。

2.4.2 融资渠道创新方面的研究

（1）关系融资

Boot（1993）将关系型融资定义为银行提供的一种金融服务。Peterson 和 Rajan（1994）最早使用美国中小企业的有关数据就关系型贷款问题做了系统的经验检测，并对银企关系、信贷可获得性的衡量方法等做了有益的探索，结果显示：良好的银企关系无论对于企业贷款成本，还是信贷可获得性，都会产生有利的影响，其中对信贷可获得性的影响较为显著，对贷款成本的影响却并不显著。AN Berger 和 GF Udell（1995）通过检验关系融资的作用发现，银行通过与贷款人维持关系逐步积攒大量企业私人信息，关系融资和信贷决策间的经验联系显示出有着较长银企关系的贷款人所付利息更低并且抵押更少，最大信用贷款额也表现出关系驱动性特征。青木昌彦（1999）认为，关系融资是在中小企业和中小金融机构之间形成的一种特殊的融资关系，关系融资制度通过市场手段而不是行政手段很好地解决了西方国家中小企业（西方称为小企业）的融资难问题，同时也使中小金融机构得到了稳定的发展。

Metchell A. Petersen 和 Rghuram Grajan（2002）认为，关系型贷款在降低小企业贷款成本、提高贷款的可获得性方面能够起到积极的作用，它可以通过市场手段很好地解决西方国家中小企业的融资难问题，同时也使中小金融机构得到稳定的发展。Berger 和 Udell（2002）提出通过关系型贷款解决银企关系中的“软信息”问题，认为银行可以通过与中小企业发展非标准化的、通过密切关系而达成融资交易的准市场行为来降低中小企业贷款成本，提高贷款的可获得性。洪少杰和梁彤缨（2003）对我国与美国、日本中小企业的关系型融资进行了对比研究，并提出了商业银行面向中小企业企业关系型融资的创新措施建议。Elsas、Heinemann 和 Tyrell（2004）在模型中分析了最优的负债结构，模型指出了借款的中小企业可以从多个银行取得贷款，只要这些贷款是不对称分布的就可以平衡与关系银行的合作风险。就是说可以从有一定议价空间的关系银行借大部分贷款，从其他银行借入小比例的贷款。孙亚云（2008）对中小企业关系型融资有效性进行了博弈分析，并提出了该种融资渠道的局限性。Bharath 等（2011）通过对美国中小企业信贷数据进行研究，得出：银企之间良好的关系可以让中小企业更容易获得信贷融资。张晓玫等（2013）通过对中国企业财务数据研究提出，银企关系越紧密，企业融资困境就越容易解决。

（2）抵押担保融资

Bester（1985）提出，引入贷款抵押这样的甄别机制，缓解信息不对称带来的不利影响。Berger 和 Udell（1998）指出，建立在应收账款/存货基础上的抵押贷款对于非常年轻以及与贷款行为只有较短关系的中小企业而言显得尤为重要。Avery、Bostic 和

samolyk（1998）分析指出，中小企业所有者的个人抵押/担保可以被看作业主再次注入权益的替代渠道。张杰和尚长风（2006）认为，社会信用体系的缺位，商业信贷作用受到严重阻滞是我国中小企业信贷约束与融资困境的主因，以固定资产为抵押担保的银行贷款政策加剧了中小企业融资困境，构建以存货和应收款等动产抵押担保的金融安排是解决中小企业信贷约束的现实取向。田厚平等（2010）针对垄断性和竞争性借贷市场分别构建了相应的抵押贷款模型分析，结果表明：在垄断性借贷市场中，可抵押资产存在一个临界阈值，低于该阈值的企业将面临信贷配给。而在竞争性借贷市场，银行会降低对于企业的抵押品要求，从而能够有效解决中小企业融资难题。盛世杰等（2016）认为，通过建立政策性担保机构为企业提供担保，是破解中小企业融资难题的可行方法。

2.4.3　融资工具创新方面的研究

（1）股权融资、民间融资和风险投资融资

世界银行（1997）认为，非正式金融融资可以被定义为那些没有被中央银行监管当局所控制的金融渠道，并将非正式金融分为三类：非信贷机构、专于处理个人或企业关系的金融交易机构、在借贷双方之间提供完全中介服务的机构。正规和民间金融市场之间存在着“溢出效应”。Aryeetey 和 Nissanke 等（1997）对加纳等非洲四国的调查发现，民间金融在动员家庭储蓄和解决中小企业融资方面有非常重要的作用。成思危（2001）首倡发展二板市场的“三步走”战略，促进中小企业上市融资。Wihlborg

和 Isaksson（2002）以肯尼亚制造业的发展为例，得出正规部门的小企业和民营企业从民间金融融资较多的结论。Abereijo 和 Fayomi（2005）研究了尼日利亚中小企业融资面临的挑战，并介绍了中小企业股权融资的创新，其中影响最广泛的是为中小企业提供股权融资的小企业扶助基金（SEAF）和风险资本（VC）。它们在中小企业融资中起到了非常重要的作用。与发达国家比，发展中国家的风险资本所起的作用要小得多。因为只有在发达的资本市场才具有较多的风险资金。黄慧敏和付剑茹（2008）研究认为“风险投资是科技型中小企业融资的有效途径”，并提出了发展我国科技型中小企业风险投资的对策及建议。薄纯伟（2013）、王兰（2015）分析中小企业通过股权融资方式的利弊。安宝洋（2014）、邹辉霞和刘义（2015）从互联网金融等方面探讨了解决中小企业融资问题的思路和建议。林辉和杨旸（2016）研究提出，通过建设各类互联网金融平台，积极进行数据交易市场建设，从而为中小企业融资方式开辟新的道路。张英杰（2017）通过研究分析提出，采用互联网众筹等方式可以有效缓解科技型中小企业融资难、融资贵的现象。

（2）中小企业集合债券融资

马健等（2003）提出建立中小企业联盟，以统一主体共同对外发债的建议，这便是中小企业集合债券模式的雏形。黎刚华（2006）从不对称信息理论的视角研究了中小企业融资难问题的成因，并就化解和降低信息不对称度，提出了融资结构模型和“结构性贸易融资”“中小企业金融租赁”“中小企业票据融资与票据市场”等中小企业融资的技术创新手段。李勇（2007）认为，商业银行应当主动开展多种形式的业务和产品创新，以满足中小企业融资的需要，同时介绍了我国商业银行针对中小企业融资推出的多种融资产品，如交通银行的“展业通”、广发银行的“中小企业贷款直通车”等。李慧（2007）提出了中小企业资产证券化的具体实施融资方案。邓明然和张润斌（2008）分析了中小企业资产证券化融资的优势、实施程序，及融资效率问题。

梁笛和张捷（2008）指出，保理等新型交易型贷款技术在缓解国内中小企业融资难方面具有不可替代的重要作用。商业银行应加强市场交易型贷款技术的引进与创新，并通过开发适合中小企业的金融产品来解决信息不对称和风险控制问题。周乐秀（2008）提出，中小企业要注意维持一定的融资规模和期限以降低成本，并且必须建立在一个完善、低风险的信用机制的基础上。在实践中，风险投资、关系型融资、资产证券化、夹层融资等新兴的融资形式和渠道在中小企业融资创新中扮演着各自不同却十分重要的角色。

李琳（2007）、王晓红等（2008）的研究表明，集合债券具有审批时间短、融资成本低、发行速度快、信用等级高等独特优势。张庆坷和朱伟（2007）从制度、法律、会计等方面探讨了发行集合债券应注意的问题。阮美芬（2009）从信用级别的角度来研究中小企业集合债券的违约率，证明了不同担保主体对集合债券的债项级别的影响差别，为集合债券的信用提升和成功发行给出了理论支持和操作建议。金丹（2009）从信用增级、发债主体的确定等方面对集合债券的改进提出了一些建议。张军和林俊华（2010）基于集合债券的运作模式，从理论上探讨了中小企业集合债券的必要性和风险控制问题，并结合韩国的集合债券融资机制（Primary - Collateralized Bond Obligation，P - CBO）提出了优化中小企业集合债券融资制度的对策建议。程展（2013）在前人研究的基础上，提出了“知识产权证券化融资”“应收账款证券化融资”“在创业板市场融资”等直接融资创新的渠道。

2.5 研究评述

通过对国内外研究的分析可知，国内外相关研究取得了一定成果，但仍存在有待改善之处。

从研究对象上看，目前针对中小企业融资问题所展开的研究已经比较全面，研究的内容从问题—解决方法—效率三方面都已囊括，但是没有从效率角度集中关注各个类型中小企业的直接融资工具创新的研究。

从研究范围来看，目前研究使用指标主要是上市公司的公开信息，对中小企业不适用，并且定性信息应用不够。而且未考虑我国企业普遍存在的实际控制人的企业中管理者个人因素对企业融资的影响，并且这些研究往往将中小企业融资难的问题归结于简单的几个因素，没有从多层次系统分析原因。分析过于宏观，未能细致化，提出的策略可操作性不强。

从研究方法来看，以往的研究方法多以 DEA 方法来判定中小企业融资效率。本研究从融资效率的角度研究解决中小企业融资难问题，系统研究影响我国不同类型中小企业融资工具选择的各个因素，运用模糊数学 DEA 法分析中小企业直接融资创新工具（中小企业集合可转债和中小企业集合股票）和中小企业其他主要融资模式（内部集资、银行信贷、民间借贷）融资效率的高低，提出了对中小企业直接融资工具进行创新，即中小企业集合可转债券具有很强的针对性和实际操作性，从而更全面、客观、合理地解决其融资难问题。

从融资工具创新角度来看，对中小企业间接融资的研究较多，理论较为成熟。但是，由于中小企业规模较小，需要的资金量较少且期限较短，而且风险相对较大，间接融资受到中小企业自身条件和金融信贷政策的限制，中小企业很少能获得这些贷款。对于中小企业直接融资的研究现在出现一些，但是不多，理论和方法上存在较多的缺陷。

在社会实践中，已经出现了这样有益的探索。国家出台了一系列政策鼓励中小企业融资创新，鼓励中小企业发行集合债券，我国已经发行了多次中小企业集合债券。但是这些中小企业集合债券在实际运行的过程中出现了较多的问题。本书借鉴中小企业集合债券的经验，进行了中小企业直接融资工具创新——中小企业集合可转债，进而更加拓宽中小企业的融资渠道。

2.6 本章小结

本章首先梳理了中小企业融资的相关研究，然后总结了国内外出现的中小企业融资创新工具，发现融资工具创新对于解决中小企业融资困境、促进其健康发展发挥了重要的作用，同时借鉴国际先进的经验，结合我国具体的国情和中小企业自身特点，更好地指导和促进在我国进行中小企业融资创新实践。作为中小企业融资创新产品，中小企业集合债券就是结合我国国情为中小企业解决融资难问题而创造的融资工具，一方面，可以有效地解决中小企业融资问题；另一方面，也为广大投资者找到了新的投资产品，为民间融资合理流动找到了新的途径。

第三章　中小企业直接融资工具创新现状研究

中小企业经营机制灵活，适应性强，创新能力较强，促进竞争，打破垄断，提高了企业的经济效益，为人民的生活提供丰富的产品和服务，极大地满足了人民生活多样化的需求，是国民经济增长的重要推动力，为国家经济发展作出了巨大贡献。本章通过分析中小企业的特点，对国内外中小企业主要直接融资工具创新进行研究，为我国中小企业直接融资工具创新找到实践基础。

3.1　中小企业及其特点

3.1.1　中小企业的定义

由于各国中小企业的发展状况不同，雇佣人员数目和资金规模也有差异，没有统一的中小企业划分标准，普遍认为能够进行独立的生产经营并创造利润，在本行业中不占据支配领导地位的企业就是中小企业。

美国联邦政府2000年5月15日发布的《中小企业规模标准》[①]，

① 资料来源：U. S. Small Business Administration（SBA）。

是根据不同的行业，按照雇员人数、企业规模、企业资本金来划分的。农业50万美元以下资本金是小企业，制造业和矿业500人以下是小企业，建设业1700万美元以下资本金是小企业，批发业100人以下是小企业，零售业、服务业500万美元以下资本金是小企业。特殊行业，如石油加工、航空货运、海洋货运等，雇员人数不超过1500人，资本金不超过2750万美元的为小企业。

日本政府在1999年划分中小企业的标准：在制造业中，资本金在3亿日元以下并且经常雇用的从业人员为300人以下的公司以及从业人员在300人以下的个人企业（1963年为1亿日元）；在批发业中，资本金在1亿日元以下并且从业人员在100人以下的企业（1963年为3000万日元）；在零售业中，资本金在5000万日元以下并且从业人员在50人以下的企业（1963年为1000万日元）；在服务业中，资本金在5000万日元以下并且从业人员在100人以下的企业（1963年为1000万日元，职工数50人以下）。

1966年，韩国颁布了《中小企业基本法》，主要从企业雇员人数和资产额及销售额的规模对中小企业进行了界定，如表3－1所示。

表3－1　韩国中小企业划分标准

行业	雇佣人数	资产额及销售额
制造业	300人以下	80亿韩元以下 （约60多万美元）
建筑业和运输业	300人以下	300亿韩元以下
出版、商业、广播通信、信息服务	300人以下	300亿韩元以下
维修业、保健和社会福利行业	300人以下	300亿韩元以下
农业、林业及渔业，煤气、供热及上下水道	200人以下	200亿韩元以下
旅馆及饮食行业，金融及保险业咨询业	200人以下	200亿韩元以下
科技及技术服务行业，艺术及表演行业	200人以下	200亿韩元以下
废气处理及环境复原、教育服务及其他服务业	100人以下	100亿韩元以下
不动产业及放贷款行业	50人以下	50亿韩元以下

我国在2003年5月22日由原国家经贸委、原国家计委、财政部、国家统计局发布了《关于印发中小企业标准暂行规定的通知》（国经贸中小企〔2003〕143号），中小企业指中华人民共和国境内依法设立的有利于满足社会需要、增加就业、符合国家产业政策、生产经营规模属于中小型的各种所有制和各种形式的企业。以从业人员数、营业收入和资产总额三项指标为划分依据。

随着我国经济的发展，原有的中小企业标准已经远远不能满足实际工作的需要。根据《中华人民共和国中小企业促进法》和《国务院关于进一步促进中小企业发展的若干意见》（国发〔2009〕36号）。2011年6月18日，国家印发了《关于印发中小企业划型标准规定的通知》。各行业中小企业的划分标准总结如表3－2所示。

表3－2　　中国中小企业划分标准　　单位：万元、人

所属行业	指标	中型	小型	微型
农、林、牧、渔业	营业收入	500～20000	50～500	50以下
工业	营业收入	2000～40000	300～2000	300以下
	从业人员数	300～1000	20～300	20以下
建筑业	营业收入	6000～80000	300～6000	300以下
	资产总额	5000～80000	300～5000	300以下
批发业	营业收入	5000～40000	1000～5000	1000以下
	从业人员数	20～200	5～20	5以下
零售业	营业收入	500～20000	100～500	100以下
	从业人员数	50～300	10～50	10以下
交通运输业	营业收入	3000～30000	200～3000	200以下
	从业人员数	300～1000	20～300	20以下
仓储业	营业收入	1000～30000	100～1000	100以下
	从业人员数	100～200	20～100	20以下

续表

所属行业	指标	中型	小型	微型
邮政业	营业收入	2000～30000	100～2000	100 以下
	从业人员数	300～1000	20～300	20 以下
住宿餐饮业	营业收入	2000～10000	100～2000	100 以下
	从业人员数	100～300	10～100	10 以下
信息传输业	营业收入	1000～100000	100～1000	100 以下
	从业人员数	100～2000	10～100	10 以下
软件和信息技术服务业	营业收入	1000～10000	50～1000	50 以下
	从业人员数	100～300	10～100	10 以下
房地产开发经营	营业收入	1000～200000	100～1000	100 以下
	资产总额	5000～10000	2000～5000	2000 以下
物业管理	营业收入	1000～5000	500～1000	500 以下
	从业人员数	300～1000	100～300	100 以下
租赁和商务服务业	营业收入	8000～120000	100～8000	100 以下
	从业人员数	100～300	10～100	10 以下
其他未列明行业	从业人员数	100～300	10～100	10 以下

从各个国家对中小企业的划分标准可以看出，中小企业是指劳动力、劳动手段或劳动对象在企业中的集中程度较低，生产经营规模较小的企业。由于各国中小企业发展程度的不同，划分的标准也不同。相对于发达国家来说，我国中小企业生产经营规模更小，随着社会经济的发展，中小企业发挥的作用越来越大，中小企业在增加就业，活跃城乡经济，满足人民多样化和个性化需求，进行科技创新，优化产业结构，增加财政收入等方面发挥着不可替代的作用。

3.1.2 中小企业的特点

中小企业的数量众多、分布极广，对国民经济有十分重要的影响，其特点总结如下。

（1）规模小，机制灵活，对市场变化的适应能力较强

由于中小企业生产规模较小，人、财、物等资源相对较少，不可能通过多元化经营分散风险，也无法和大企业一样通过规模化生产经营降低成本，中小企业往往关注那些被大企业所忽视的细小市场，通过不断改进产品质量提升竞争力，提高生产效率，进而获得更大的发展。而且，随着社会生产的专业化、分工化发展，中小企业通过分工协作同大型企业建立起密切的合作关系，有力地支持和促进了大企业发展，也为中小企业自身的发展奠定了坚实的基础。

（2）分布广，经营行业齐全

一般来说，只有生产大批量的单一化产品才能充分发挥规模经济优势，但是单一产品无法满足社会生产和人们的个性化、多样化需求，尤其是当社会出现某些小批量的产品需求时，大企业往往难以生产满足社会需要。随着社会经济的发展和人民消费水平层次的提高，社会需求的多样化和个性化愈加突出，消费品生产已从大批量、单一化转向小批量、多样化生产。中小企业由于数目多、行业和地域分布广，而且它们拥有贴近市场、靠近顾客的经营优势，所以它们能够通过快速应对市场的变化，生产出市场需求的产品满足人们的消费需求。

（3）科技创新能力强

随着社会经济的全球化，社会生产专业化、分工化的趋势越来越强，这为中小企业的蓬勃发展带来了良好的机遇。与此同时，经济水平的提高带来了人们消费需求的多元化和个性化，而大型企业却无法通过小批量生产来满足社会越来越多的个性化需

求，这也为中小企业的发展提供了有利条件。在新技术革命条件下，许多中小企业的创始人往往是大企业和研究所的科研人员或者技术人员，他们往往既是管理者，也是所有者和发明者，新技术发明一经创立就可以投入运用，产生巨大的社会效益和经济效益。

（4）成本较高，经济效益较差

由于中小企业的生产经营规模相对有限，生产设备、生产技术相对落后，企业管理水平较低，而且由于近年来我国的人民币汇率升值、国内劳动力薪资水平的上涨、原材料价格上涨等多种因素的影响，导致了中小企业的生产成本较高。而且中小企业的规模小、风险高、缺乏适合抵押物的特征也导致了中小企业的融资成本较高，所以中小企业的成本较高，经济效益较差。可见，降低中小企业的成本是促进中小企业健康发展的重要途径，只有通过降低中小企业的成本，提高中小企业的经济效益，实现利润最大化的目标，才能使中小企业在激烈的市场竞争中获得持续稳定发展。

（5）抵御经济风险的能力差

由于中小企业生产规模较小，人、财、物等资源相对较少，无法和大企业一样通过大规模生产来降低生产成本，提高经济效益，中小企业相比于大企业来说，成本较高，经济效益较差，所以企业积累的自有资金有限，无法满足企业快速发展对资金的需求，难以向银行借贷或通过其他渠道获取资金，中小企业规模小、风险高、缺乏适合抵押物的特征也导致中小企业的融资成本较高。可见由于资金的缺乏，中小企业无法运用最新的、最好的技术或设备来生产，其产品竞争力相对较弱。一旦遇到社会经济波动或经济危机，其资金运行不畅，很容易导致生产经营不能持续，最后倒闭，所以中小企业抵御经济风险的能力较差。

中小企业在世界各国经济的快速发展中发挥了非常重要的作用，为了解决中小企业融资难的问题，各个国家根据自身的中小企业融资特点成功创造了中小企业直接融资创新工具。直接融资工具是指在没有金融中介机构等第三方介入的情况下，资金的供求双方在融资过程中产生的证明权利和义务关系的凭证。和间接融资工具相比，直接融资工具具有更大的优势。直接融资工具由于没有金融中介机构等第三方介入，不受金融中介机构的约束，其融资成本更低、资金使用效率更高。由于资金供求双方直接发生债权债务关系，在融资时间、数量和期限等方面比较自由，有较多的选择权，更能满足中小企业融资的需求。而且，中小企业选择发行长期债券和股票的直接融资工具来进行融资，不仅有利于筹集长期稳定性的资金，而且有利于提高企业的知名度，提高中小企业管理的规范程度，促进中小企业长期健康发展。通过研究美国、日本、韩国的中小企业融资特点以及直接融资创新工具，借鉴他们的成功经验，根据我国中小企业融资具体特点创造融资创新工具来解决中小企业融资难问题。

3.2　美国中小企业直接融资创新工具实践

3.2.1　美国中小企业融资的特点

美国的中小企业通过不断地优胜劣汰，使社会资源有效地从衰退行业转移至新兴行业，通过大量的发明与创造，以较低的成本将社会财富引至那些增长潜力大的新兴行业，促进经济发展的不断提高。由此可见，中小企业在创新方面的贡献是构成美国产业结构迅速调整、进入以高科技产业为主导产业群的信息社会的重要力量。而美国的中小企业之所以能够如此快速发展得益于其较合理完善的融资体系，而且美国建立了发达的资本市场，为中小企业直接融资创新工具的发展提供了基础。

（1）建立完善的促进中小企业发展的融资法律法规

为了扶持美国中小企业发展，美国政府先后制定50多部专项法律法规，用法律形式规范中小企业融资服务体系。1953年颁布了保护中小企业的基本法——《小企业法》，1964年通过《机会均等法》，规定中小企业管理局（SBA）要向中小企业或试图经营中小企业的个人提供小额贷款或融资担保。1975年的《公平信贷机会法》，规定商业借贷机构对个人或规模较小企业平等贷款，不得区别对待。1977年的《社区再投资法》，鼓励社区银行向社区居民及中小企业提供融资服务。1982年的《小企业创新发展法》，规定研究或开发预算额超1亿美元的联邦机构要设立小企业革新研究项目。1992年的《小企业股权投资促进法》，规定小企业管理局可为小企业提供担保和公开发行长期债券为小企业融资。1993年的《信贷担保法案》，使金融机构降低了向中小企业发放贷款的风险。

（2）政府和社会各界为中小企业搭建了多种多样的融资平台

①为了扶持中小企业发展，1953年美国成立了小企业管理局（Small Business Administration，SBA）。其主要职责：一是针对小企业制订各种优惠贷款计划，促进商业金融机构向小企业融资。二是政府直接资助，SBA直接对一些技术创新能力强、发展前景

好的中小企业直接贷款，资助企业创新研究。三是促进中小企业直接融资。SBA 引导和鼓励中小企业尤其是科技型企业到 NASDAQ 股票市场融资或通过创业板市场融资。

②1958 年，通过 SBA 建立了小企业投资公司（Small Business Investment Company，SBIC）。其主要目的是对美国小企业提供政府风险资本支持，SBA 建立中小企业投资公司，对具有成长性的高新技术中小企业提供创业投资和风险投资，联邦政府对中小企业投资公司进行低息贷款融资。小企业投资公司利用联邦政府所提供的优惠利率资金再加上自己的资金对具有增长潜力的高新技术中小企业进行投资获得回报。这些资金的注入对美国中小企业的发展起到了较大的推动作用。

③美国中小企业发展中心（SBDC），由小企业署、私人机构、教育界、州政府和当地政府共同出资建立，由美国小企业管理局批准成立，对小企业融资等提供免费服务，在规定业务之外也可以提供有偿服务，目前小企业发展中心已经有 57 个州级中心，大约 1200 个分中心和地区办公室，已经形成了一个有效网络。

④纳斯达克板（National Association of Securities Dealers Automated Quotations，NASDA），是为满足中小企业股市融资的需求而建立的。它的市场运作方式是电子交易系统和做市商制度，增加了市场的公开性、流动性与有效性。而且它为各个阶段的中小企业设有不同的灵活上市标准，能够让大量中小企业成功募集到资金，极大地满足了美国中小企业的融资需求。

⑤风险投资，美国是世界上风险投资的发源地，也是目前风险投资最发达的国家，具有发达的风险投资机制。美国的风险投

资机构包括私人风险投资公司、合作风险投资机构以及共同基金和私募基金，这些风险投资机构不仅给中小企业提供充足的资金，而且提供管理服务，极大地促进中小企业尤其是高科技中小企业的发展。

（3）完善的中小企业信用管理体系

一是政府积极发展中小企业信用评估机构。通过对企业的征信评价和信用评级来直接影响企业融资难易程度和融资成本。二是建立三级中小企业信用担保体系。全国性中小企业信用担保体系由SBA为中小企业提供融资担保；区域性中小企业担保体系由地方政府为中小企业提供资金支持；社区性中小企业担保体系主要促进社区小型金融机构向本社区中小企业提供融资服务。三是建立灵活多样的信用担保服务方式。SBA以担保方式促使银行向中小企业提供贷款，风险由其与银行机构共同承担，上限达200万美元；不动产和设备贷款上限25年，营运资金7年；担保比例根据贷款规模确定，以15万美元为基准线贷款分别最多可担保85%和75%，少数族裔和妇女所办企业可获25万美元以下90%额度担保；SBA还为出口生产企业提供90%贷款担保，以及支持中小企业减少污染计划担保等多种形式在内的贷款担保服务。国际金融危机后，美国政府及时从经济刺激方案中划出7.3亿美元，将受SBA贷款项目担保比例提高至90%，同时临时取消小企业担保贷款申请费用，扩大小额贷款担保范围及帮助小企业偿还债务。

（4）畅通中小企业融资各方渠道

一是商业银行是中小企业资金来源的主要渠道，商业银行通过提供灵活多样的贷款来满足中小企业的融资需求。短期流动贷款主要用于流动资金的需求；应收应付款贷款，主要解决小企业临时资金需求；租赁融资，由商业银行和专业租赁公司为中小企业提供融资租赁服务。二是中小企业投资公司贷款。美国众多中小企业投资公司通过从联邦政府获得的一定财政拨款和优惠贷款支持，再为中小企业成长和业务扩张提供风险资本、债券和股票融资等。三是政府直接贷款。由 SAB 进行直接管理和发放贷款来满足中小企业创新资金需求。

3.2.2　美国中小企业直接融资创新工具

（1）互联网金融

近年来，互联网金融兴起，极大改变了中小企业的融资方式。互联网金融有着其他融资方式无可比拟的优势，它在投资人和贷款人之间开启了直接贷款的新型金融模式。美国国内也涌现出各种具有代表性的互联网金融平台。如 OnDeck 向融资方提供不超过 25 万美元的直接贷款；Biz2 Credit 和 Boefly 在互联网平台直接为融资方和资金需求方进行配对；Accion 利用互联网仅提供小微贷；Lending Tree 和 Lending Club 是向个人提供资金的 P2P 平台。Dealstruck 针对特定市场，向个人提供 5000 美元至 25 万美元的贷款，贷款年限不超过 3 年，年利率 5% ~15%。针对某一细分市场，PayPal 平台向商户提供营运资金贷款；Kabbage 向国内外客户提供营收账款融资；定位于某种特定客户群，Lighter Capital 的客户全部为高增长的软件 IT 公司。这些新型贷款模式为中小企业提供了新的融资机会。

（2）天使投资

天使投资是权益资本投资的一种形式，指的是具有一定净财富的人士，对具有巨大发展潜力的高风险的初创企业进行早期的直接投资，属于自发而又分散的民间投资方式。这些进行投资的人士被称为“投资天使”，用于投资的资本称为“天使资本”。由于风险投资的趋势是往更大的初创期和扩展期企业投资，天使投资逐渐成为种子期企业和小企业融资的渠道。2009 年至 2013 年，天使投资的总投资额、平均项目投资额和投资数量都逐渐提高，而且保持相对稳定的增长趋势。天使投资对中小企业的投入呈现出平均项目投资额小，投资项目数量较多的特点，这也是天使投资分散项目投资风险的内在要求。

（3）众筹融资

众筹，即大众筹资或群众筹资，是指用团购 + 预购的形式，向网友募集项目资金的模式。众筹利用互联网和 SNS 传播的特性，让小企业、艺术家或个人对公众展示他们的创意，争取大家的关注和支持，进而获得所需要的资金援助。目前，美国是众筹融资发展最快的国家，北美地区的众筹融资占比超过全球一半。众筹企业的组织形式也在不断变化，原来以捐献为基础的集资逐渐向以借贷和股权投资为基础的集资形式过渡，以借贷和股权为基础的众筹集资已经成为主流模式。和以捐献为基础的集资相比较，以借贷和股权为基础的众筹集资组织结构更优化，经济效益更好。美国众筹企业的投资对象相对集中在 10 万美元以上，通过 SBA 的小微贷款融入资金促进众筹企业的发展。

3.3　日本中小企业直接融资创新工具实践

作为“中小企业之国”的日本非常关注扶持中小企业的发

展，积极采取各种措施来帮助中小企业的发展，出现了大量的中小企业。中小企业已经成为其经济发展中的重要力量。日本经济在“二战”后迅速发展，成为世界性的经济强国，中小企业发挥了关键的作用。

3.3.1　日本的中小企业融资特点

中小企业的发展对日本经济起了至关重要的作用，数量庞大的中小企业生产经营活动分布广泛，创造了大量的就业机会，吸纳了大部分就业人口，并且进行了大量的技术创新，推动了科技的发展和生产力的提高，对社会的稳定和经济的发展作出了巨大的贡献。和欧美国家的中小企业融资相比，日本中小企业融资较多地进行间接融资，而且政府及金融机构对于日本中小企业的融资有较多的干预。

（1）建立扶持中小企业发展的法律法规体系

日本十分重视中小企业的发展，为了促进中小企业的发展，维护其合法和正当的权益，日本制定了一系列保护和扶持中小企业的法律法规，并不断加以完善。1936 年，日本颁布了《商工组合中央金库法》，规定政府出资 80% 组成商工组合中央金库以中小企业和中小企业组合为主要贷款对象。1949 年，出台了《国民金融公库法》针对中小企业进行小额贷款。

1950 年，先后制定了《中小企业金融公库法》《中小企业信用担保法》和《中小企业信用担保协会法》，通过了城市银行设立中小金融特别店铺的方案。政府提供资金，对中小企业提供短期融资；提供紧急贷款融资；提供新兴企业、产业融资；提供无担保融资；提供长期有保证的融资。1953 年，颁布了《信用保证协会法》，日本政府对信用保证协会注资来保障其为中小企业的担保能力，专为中小企业从商业性金融机构借款的债务进行担保，并按照贷款额收取 0.5% ~1% 的担保费。1956 年，制定了《中小企业振兴资金助成法》，对中小企业的资助法制化；中央政府还对为中小企业提供设备贷款的各都道府县提供了补助金。1963 年，颁布了《中小企业基本法》，修改了《中小企业现代化资金助成法》，《中小企业基本法》将过去实施的各种中小企业政策体系化。《中小企业现代化资金助成法》以组合为助成对象，建立了中小企业资金专项贷款制度。20 世纪 70 年代和 80 年代修订了《中小企业基本法》《国民金融公库法》《日本长期信用银行法》《日本信用金库法》等，让更多的金融机构承担了对中小企业融资的任务。1999 年，出台了《中小企业金融对策指南》，修订了《中小企业基本法》，加强了中小企业政策性金融支持的力度。2008 年，修订了《中小企业信用保护法》《中小企业金融公库法》《信用保证协会法》。日本政府通过修改中小企业相关的法规、加大对中小企业金融公库、国民生活金融公库的投入等措施来应对目前的金融危机，使得中小企业顺利地获得较充裕的资金来渡过难关。

（2）间接融资市场发达，依赖银行程度高

日本中小企业的自有资金有限，无法满足企业发展的需要，其中大部分的资金依靠银行贷款，企业规模越小，对银行的依赖程度越高。日本中小企业主要依赖间接融资解决资金的需求，而且日本中小企业没有发达的直接融资市场，企业极少通过股票、债券等直接融资手段进行融资。由于过度依赖于间接融资，日本中小企业的贷款条件较为严格，银行的贷款利率较高，这增加了中小企业的融资成本，加重了企业的财务负担，使企业在竞争中处于不利地位，严重影响了中小企业的健康发展。

（3）成立大量的政策性金融机构

为了解决日本中小企业的融资问题，日本成立了大量的政策性金融机构。除了一般意义上的证券公司、商业银行、地方性金融机构等市场性金融机构之外（包括地方银行、第二地方银行、信用金库、劳动金库等中小金融机构），日本还成立了针对中小企业贷款的中小企业金融公库、国民生活金融公库、中小企业信用公库、中小企业投资育成股份公司、中小企业信用保证协会，以及商工组合中央金库。这些政策性金融机构都是政府出资支持，主要针对中小企业提供融资服务。大量政策性金融机构的成立极大改善了中小企业的融资环境，促进了中小企业的发展。

（4）完善的中小企业信用担保体系

日本的中小企业信用担保体系较为健全。1953 年，日本出台《信用保证协会法》，1955 年成立了日本信用保证协会，该协会具有独立法人资格，主要以中小企业为服务对象，为其提供公共信用担保，增强了中小企业的融资能力，促进了中小企业快速而健康的发展。政府出资和金融机构的捐赠是日本信用保证协会主要的资金来源。协会承保金额的上限是资本金的六十倍，同时法律规定地方政府应根据本地信用保证业务的实际发展状况，及时向信用保证协会注入资本金。信用保证协会如果提出注入资金要求，金融机构则依据自身参保额度与风险状况，以捐赠的形式确定出资额。

（5）民间金融机构体系发达

在日本政府出台了一系列对于中小企业扶持的政策后，出现了大量的民间中小企业金融机构。如相互银行、信用金库、信用组合、劳动金库等，这些民间金融机构都是民间出资成立，以中小企业为主要服务对象。在日本中小企业金融机构体系中，民间的中小企业金融机构的数目远远多于政府中小企业金融机构的数目，民间中小企业金融机构已经成为中小企业资金的主要来源，这显著地改善了日本中小企业的融资环境，促进了中小企业的健康发展。

3.3.2 日本的中小企业直接融资创新工具

（1）“日本创业板市场”（JASDAQ）

为了拓宽中小企业的融资渠道，日本出台了大量扶持中小企业融资的政策，积极鼓励中小企业到资本市场进行直接融资，在1963年，日本建立了柜台交易市场OTC，并成立了一些与中小企业直接融资相关的机构，其中包括公私合营的中小企业投资公司、由银行和债券公司及保险公司等金融机构出资设立的“民间风险投资公司”等。而且，为了帮助具有发展潜力的高新技术型中小企业解决资金难题，在20世纪90年代，日本建立了专门针对中小企业融资的“日本创业板市场”（JASDAQ）。

（2）直接融资工具创新——中小企业股票和中小企业私募债券

日本创业板市场上市的条件极为宽松，日本政府积极地引导中小企业在JASDAQ发行中小企业股票和中小企业私募债券，甚至亏损但有发展潜力的中小企业也可上市，并加以大力保护。为了保证中小企业能够在JASDAQ顺利融资，政府通过对中小企业发行的股票和债券进行主动认购，而且通过“风险基金”向发行债券的中小企业提供资金帮助，为风险基金提供担保；同时组建柜台交易和交易所的二板市场，为中小企业提供融资服务业务，不断降低中小企业上市条件，为更多的中小企业提供上市的机会；此外，由中小企业金融公库、地方公共团体及民间共同出资建立的中小企业投资育成机构对中小企业的技术开发及研究成果的转化等提供风险投资。

3.4 韩国中小企业直接融资创新工具实践

3.4.1 韩国中小企业融资的特点

韩国中小企业协会发表的统计数据显示，截至2017年底，韩国拥有中小企业600多万家，占全国企业总数的99.2%以上，就业人数占全国总数的88.5%以上。中小企业在提供劳动就业，保持社会稳定，推动科技创新，促进经济发展，满足人民多样性消费需求等方面起了关键作用。但是在韩国的中小企业发展过程中，中小企业一直受到资金缺乏和融资难的困扰，为了解决中小企业融资难题，韩国政府和金融管理机构积极采取措施，鼓励和引导银行和其他金融机构对中小企业提供融资服务。

（1）建立政策性金融机构

韩国1961年成立了中小企业专业银行。这是一家由韩国政府投资设立的专门为中小企业提供融资服务的专业银行（政府持有该银行77%的股份）。银行成立的主要目的是针对中小企业的融资问题提供专项的资金支持，促进中小企业发展。此外，地方政府也设立了各种类型的中小企业融资机构，为中小企业提供融资服务，形成了数量众多的政策性融资渠道。

（2）建立完善的信用担保体系

由于中小企业缺乏担保品很难获得金融机构的贷款，韩国设立信用担保基金为中小企业贷款提供担保。1976 年，韩国成立了韩国信用担保基金（Korea Credit Guarantee Fund，KCGF），1989 年，成立了韩国技术信用担保基金（Korea Technology Credit Guarantee Fund，KTCGF）和 14 个地方性担保基金。其中，KCGF 和 KTCGF 是中小企业贷款的主要信用担保机构，KCGF 为所有中小企业提供信用担保，KTCGF 主要为高技术中小企业或风险企业提供信用担保。

（3）完善中小企业的融资渠道

①增强商业银行对中小企业的金融服务

为了进一步增强对中小企业金融扶持，韩国中央银行积极引导和鼓励商业银行机构对中小企业提供金融服务，并采取了一系列相应的措施：一是强制规定商业银行对中小企业贷款的最低比例；二是支持信用总量上限系统；三是针对中小企业实施优惠贷款利率。

② 发行债券

为了加大扶持中小企业的力度，1979 年，韩国成立了发行中小企业振兴公团，直接向中小企业提供贷款，并发行企业债券，以购买中小企业股份的形式增加其流动资金，以缓解资金供需短缺的矛盾。1999 年，为了消除金融危机的冲击，韩国政府建立了中小企业集合债券融资（P－CBO）市场。

③股权融资

1996 年，韩国成立了为中小企业融资的二板市场——科斯达克市场（KOSDAQ），为了鼓励中小企业积极参与股权融资，对中小企业上市的条件也较为宽松，尤其是对高科技创业型中小企业的上市，标准更低，其在股份数量上及财务指标上都没有硬性要求，而且在税收等方面给予各种优惠待遇。

④风险投资

借鉴美国的风险投资经验，并结合本国的实际情况，韩国风险投资从 20 世纪 80 年代开始得到了迅速的发展。为了促进风险投资业的发展，韩国政府设立了专门的机构，颁布了一系列法律法规，设立了风险资金和孵化中心等。政府加大对风险资金的投入和运营，政府和其他资金投入者共同出资组建多元化的风险投资公司（基金），引导和带动社会资本对中小企业和创业企业进行投资。政府为了弥补长期风险投资资金相对不足，全资设立了茶山风险投资公司。

（4）政策性金融支持

作为向中小企业提供融资服务的中小企业银行，每年向中小企业提供大量融资贷款，近年来，韩国政府大幅加大对中小企业银行的资金投入，使其向中小企业放贷的资金迅速增长，有力地支持了中小企业的发展。

3.4.2　韩国中小企业直接融资创新工具

（1）中小企业集合债券融资（P－CBO）

为了加大扶持中小企业的力度，1979 年，韩国成立了“发行中小企业振兴公团”，直接向中小企业提供贷款，并发行企业债券，以购买中小企业股份的形式增加其流动资金，缓解资金短缺的矛盾。1999 年，为了消除亚洲金融危机的冲击，韩国政府建立了“中小企业集合债券融资”（P – CBO）。所谓 P – CBO 就是将一组高收益的垃圾债券重新打包分组，分成多组风险和收益不同的债券，满足不同投资者差异化的需求。1999 年末，中小企业振兴公团首次发行了债券融资，共有 23 家信用评级为 BB 级的中小企业参与，发行总额达到 720 亿韩元，随后中小企业振兴公团又多次发行了 P – CBO。中小企业集合债券的发行拓宽了中小企业的融资途径，在一定程度上缓解了中小企业融资难的现状，满足了中小企业的资金需求，促进了中小企业的健康发展。

①P – CBO 的交易结构

虽然为垃圾债券，但是由于 CBO 的债券数目较多，投资风险就被分散了，使得重新打包的部分债券的风险相对较低，成为优先级别，能够为投资者所接受，从这个角度来说，CBO 其实是将垃圾债券转化为可投资债券的工具，而另一部分风险较高的债券则被打包成次级层债券，则由政府设立的政策性金融机构 SBC（Small Business Corporation）来购买。为了进一步防范风险，CBO 在交易过程中设立了破产隔离机制 SPV（Special Purpose Vehicle），SPV 又在交易中表现为 SPC（Special Purpose Company）或 SPT（Special Purpose Trust），以 1999 年发行的 P – CBO 为例，其交易结构如图 3 – 1 所示。

从图 3 – 1 可以看出，在 P – CBO 交易中，23 家中小企业在 SBC 的统一组织下对 SPC 发行了 720 亿韩元的债券，为了能够成功发行，SPC 将债券重新打包分成两组，一组是风险较低的 445

亿韩元优先债券（2 年期 85 亿韩元，3 年期 360 亿韩元），对投资者进行发售，另一组是风险较高的 275 亿韩元的次级债券，对 SBC 进行发售。按规定，企业的偿债资金优先偿还优先层债券，当还完优先层债券再来还次级债券，这样广大投资者的风险已经大大降低了，首先由 SBC 承担 275 亿韩元的损失，只有企业违约损失超过 275 亿韩元，广大投资者才承担超出的损失，而且韩国的住房和商业银行提供了 100 亿韩元的流动性支付，必要时可对中小企业提供贷款，也保障了企业的偿债能力，进一步降低了投资者的风险，可见 P－CBO 的分层设计较大地降低了投资者的风险，为 P－CBO 的成功发行奠定了坚实的基础。

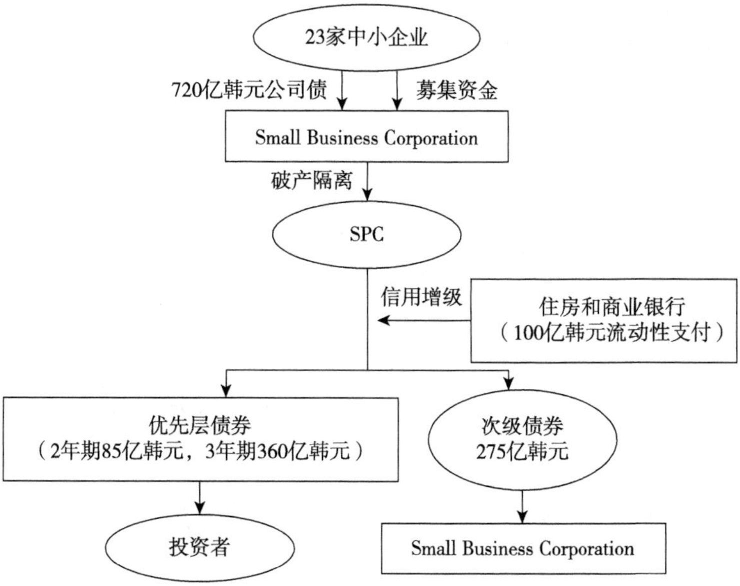

图 3－1　SBC 发行 P－CBO 的交易结构

② P－CBO 的信用增级

P－CBO 成功发行的关键就是降低投资者的风险，P－CBO 从以下几个方面进行了信用增级。首先是引入第三方担保。P－CBO虽然为韩国的中小企业融资提供了较大的便利，但是韩国的中小企业违约率相对较高，P－CBO运用资产证券化技术首先让SBC承担了债券的违约风险，作为优先层债券的投资人还是可能会遇到企业违约的风险，如果通过增加次级债券的份额，降低投资者的风险，却加重了SBC的负担，从而影响整个P－CBO的融资效率，在这种情况下，P－CBO开始尝试在发行中引入第三方担保来降低投资风险，增加P－CBO的吸引力，保证P－CBO的成功发行。一般来说，P－CBO的第三方担保主要是由韩国政策性担保机构KCFC（Korea Credit Guarantee Fund）或KTCGF（Korea Technology Credit Guarantee Fund）提供担保服务，在引入第三方担保后其交易结构如图3－2所示。

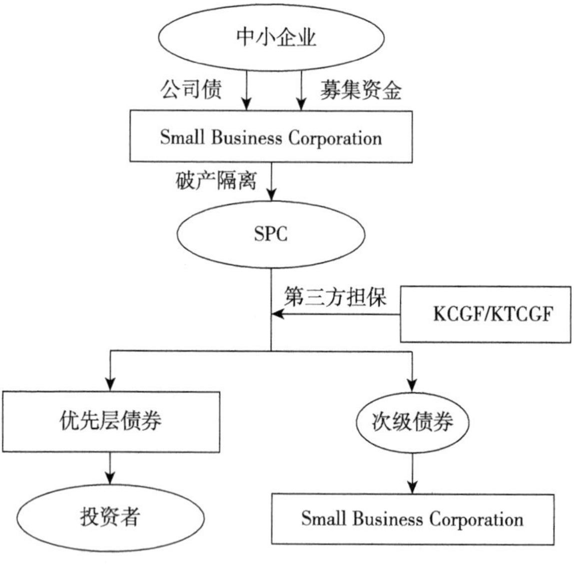

图3－2　引入第三方担保P－CBO的交易结构

从图3－2可以看出，在引入第三方担保后，和资产证券化紧密结合可以更好地发挥两者的优势，不仅可以通过资产证券化将企业违约风险在投资者和SBC之间进行重新分配，企业违约风险先由SBC承担，而且由于第三方担保的介入，使得投资者的风险可以很大程度地降低。这样实际上起了一个双重保障作用，大大降低了投资者的风险，增加了对投资者的吸引力，吸引了更多的机构投资者参与。同时，可以适当增加优先层债券的发行比例，降低次级债券发行的比例，减轻了SBC的负担。可见第三方担保的引入，提升了P－CBO的融资效率。

其次是设立中间层债券分担风险。为了能够减少投资风险，保证P－CBO的成功发行，SBC在风险分担机制方面不断进行创新，在优先层债券和次级层债券之间设立了中间层债券，其偿还顺序介于优先层和次级层之间。中间层债券比例一般较低，由中介机构（承销商、托管银行）或发行企业自身持有。由于中介机构和发行企业往往比普通投资者对P－CBO的整体风险情况更清楚，其持有债券能够极大增强投资者信心，而且也能够减少败德行为的发生，从而促进了P－CBO的顺利发行。

再次是国际联合发行。为了进一步降低P－CBO的融资风险和融资成本，实现韩国中小企业顺利在海外融资，韩国政府联合日本于2004年12月在日本发行了日元面值的P－CBO，为韩国46家中小企业募集100亿日元资金（相当于当时1亿美元）。其交易结构如图3－3所示。

由于联合了日本发行P－CBO，有信用等级较高的日本国际合作银行参与担保，该债券的发行获得了较大的成功，其融资成本比在韩国境内发行低了20～30个基点，大大降低了这46家中

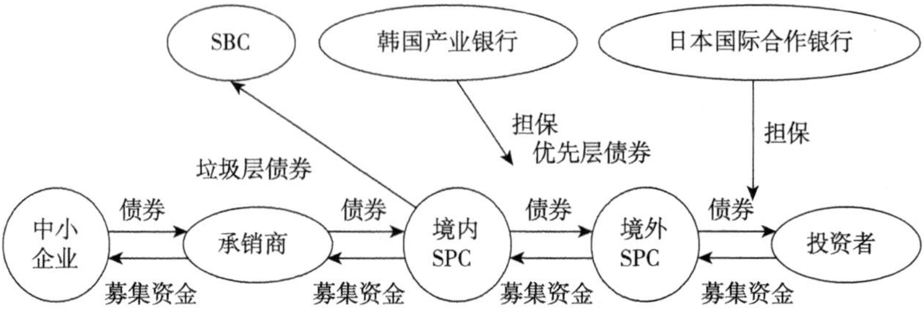

图 3-3　跨境发行 P-CBO 的交易结构

小企业的融资成本，为韩国中小企业的融资开拓了新的途径，有力地支持了韩国中小企业的发展。

最后是资产的多样化。在 P-CBO 中，资产一般为中小企业的普通债券，随着 P-CBO 技术的不断进步和完善，可以用多种资产作为证券化的对象，标的资产可以是应收款，也可以是可转换债券。以应收款为标的资产的 P-CBO，首先以应收款建立一个信托计划，将信托计划的收益凭证卖给 SPC，SPC 再根据收益凭证对中小企业进行贷款，如果发现中小企业应收款出现任何异常情况，SPC 就可以立即采取相应的措施，减少投资者损失。由于这个模式相对较为烦琐，实际效果不是十分理想，因此韩国现在采用得较少。现在以可转债为标的资产组合已成为韩国 P-CBO 的主要模式，对于广大投资者和 SBC 来说，可转债具有权证的属性保证了可以通过行权获取收益弥补违约损失，如果企业发展得好，还可以通过行权享受企业高成长所带来的高额回报。对于发行企业来说，由于可转债具有权证的属性，因此可转债的发行利率比普通债券利率要低，发行企业的融资成本就会较大地降低，如果行权的话，发行企业还获得了投资者和 SBC 的再次融资。

P－CBO作为韩国的中小企业融资创新工具，和银行信贷、普通债券融资相比具有较大的优势。首先P－CBO运用资产证券化技术将中小企业的公司债券进行了打包分层设计，分为风险水平不同的优先层债券和次级层债券等多个类型，并在它们之间重新进行了风险和利益的配置，这样就满足了投资者差异化的需求，解决了中小企业信用低而投资者要求高的信用不匹配的矛盾，有力地促进了中小企业在信用低的情况下发债融资。其次降低了中小企业的融资成本，一般来说，由于中小企业的资信状况较差，发行的债券为垃圾债券，投资者即使进行购买也会要求较高的利率。运用P－CBO后，这些债券中大部分被打包成优先层债券，风险较低，成为投资级债券，发行的利率也会显著降低，可见P－CBO会降低中小企业的发债成本。最后P－CBO创造了杠杆效应，采用P－CBO，中小企业债券中大部分被打包成优先层债券，少部分为次级层债券，SBC就用了较少的成本为中小企业进行了大量的融资，充分发挥了杠杆效应，极大地提升了国家政府对中小企业融资的帮扶成效。

③P－CBO对我国发展中小企业集合债券的启示

首先，加大国家政府的支持力度，多出台相应的法律法规积极引导规范中小企业融资，鼓励中小企业自主创新，为运用中小企业集合债券融资创造良好的法律环境，保障中小企业的健康发展。

其次，借鉴韩国P－CBO的分层设计，促进中小企业集合债券的发展。中小企业集合债券是我国中小企业直接融资工具的一个重大的创新，拓宽了我国中小企业的融资渠道，对我国中小企业有着十分重大的意义。但是受中小企业集合债券的增信措施较少、担保单位有限等因素的影响，我国中小企业集合债券的发行规模和数量都很小。因此，我们应当加强中小企业集合债券的创新，尤其是增信方式的创新，完善中小企业集合债券的发行机制，减少投资风险，增加对投资者的吸引力，从而促进中小企业集合债券的健康发展。可以借鉴韩国 P－CBO 的分层设计等资产证券化技术化解中小企业由于信用低难以直接发行债券的难题，提升中小企业集合债券的信用评级，从而保证我国中小企业集合债券的顺利发行。

再次，建立完善的中小企业信用担保体系，提高对中小企业集合债券信用增级能力。只有建立完善的中小企业信用担保体系，减少中小企业的融资风险，才能帮助中小企业摆脱融资难的困境。由于我国中小企业信用担保体系的建设还处于初级阶段，大部分信用担保机构规模小、实力弱、运作不规范、管理经验欠缺，不能满足中小企业快速发展而带来的信用担保大量增加的需求，所以要加快我国中小企业信用担保体系建设。各级政府和有关部门应该在中央、省、市、县建立中小企业信用担保体系，为真正有需求的中小企业创造融资条件，为中小企业集合债券的发展提供更多的信用增级服务，帮助中小企业顺利融资，支持中小企业发展。

最后，建立更多的信用评级机构，提升评级技术。由于我国的评级行业发展得较晚，从事信用评级的专业机构较少，信用评级技术也不太完善，不能全面、客观地为投资者揭示中小企业的信用风险，投资者无法根据其信用评级作出正确的投资决策。而且随着经济的发展，中小企业集合债券的结构设计将会更加复杂，这就会要求更高的信用评级技术才能客观公正地反映中小企业的信用等级，广大投资者才能根据信用风险的高低作出正确的决策。因此只有建立更多的信用评级机构，不断改进信用评级技术，提升评级方法的有效性，为中小企业能够通过中小企业集合债券融资发挥更大的作用。

（2）中小企业融资的二板市场——科斯达克市场（KOSDAQ）

为了拓宽中小企业的融资来源，韩国政府积极引导和鼓励中小企业去资本市场进行直接融资。在借鉴了美国的纳斯达克市场和日本创业板市场的先进经验后，1996 年，韩国成立了为中小企业融资的二板市场——科斯达克市场（KOSDAQ）。为了鼓励中小企业积极参与股权融资，对中小企业上市的条件也较为宽松，尤其是对高科技创业型中小企业的上市，标准更低，其在股份数量上及财务指标上都没有硬性要求，在税收等方面也会给予各种优惠待遇，而且在科斯达克市场上市费用很低，科斯达克市场迅速成为规模较大、市场操作比较成熟的创业板市场，为韩国中小企业的发展提供了强有力的支持。

3.5　中国中小企业直接融资工具创新实践

中小企业是现代国民经济的重要组成部分，对国家经济的发展有着深刻的影响。由于中小企业融资渠道狭窄，导致中小企业资金不足，规模较小，缺乏发展动力，抵抗风险能力较弱，尤其是容易受到经济波动和危机的影响。其寿命周期都比较短，每年都有大量中小企业倒闭，同时又有大量中小企业创立。探究我国中小企业的主要融资方式，对于中小企业融资工具的创新和拓展中小企业的融资渠道具有现实的意义。现将各种融资方式及其关系见表3－3。

表3－3　　　　中小企业融资方式分类

<table>
<tr><th>资金性质</th><th colspan="2">融资渠道和融资方式</th><th>来源</th></tr>
<tr><td rowspan="3">自有资金</td><td colspan="2">资本金</td><td rowspan="2">内源融资</td></tr>
<tr><td colspan="2">留存收益</td></tr>
<tr><td>发行股票</td><td rowspan="5">直接融资</td><td rowspan="7">外源融资</td></tr>
<tr><td rowspan="6">借入资金</td><td>发行债券</td></tr>
<tr><td>其他企业资金（各种商业信用）</td></tr>
<tr><td>民间资金（民间借贷和内部集资）</td></tr>
<tr><td>外商投资</td></tr>
<tr><td>银行信贷资金</td><td rowspan="2">间接融资</td></tr>
<tr><td>非银行金融机构（融资租赁、典当）</td></tr>
</table>

企业融资时一般先进行内源融资，再进行债权融资，最后才是股权融资。我国大多数中小企业融资，逐步形成了以银行贷款间接债权融资为主，民间资金借贷和资本市场的直接融资为辅的融资体系。

相对于国外中小企业融资特点来说，我国对中小企业融资的政策支持力度有待于提高，没有建立完善的促进中小企业发展的融资法律法规，没有建立大量的政策性金融机构，缺乏完善的中小企业信用担保体系。而且也没有发达的民间金融机构体系，没有高度发达的间接融资市场，银行信贷对中小企业融资支持不够，不能满足中小企业的融资需求。中小企业出现了融资难、融资贵、融资渠道狭窄、融资工具缺乏的现象。我国现有的以银行贷款间接债权融资为主，民间资金借贷和资本市场的直接融资为辅的融资体系已经不能适应我国中小企业快速发展的融资需求。而直接融资方式和间接融资方式相比，具有更大的优势。我国也应该积极进行融资工具的创新研究，为中小企业创新出适合的融资工具，满足中小企业的资金需求，促进中小企业的发展，而现在中国出现的中小企业直接融资工具创新主要是股权融资创新和债权融资创新。

3. 5. 1　股权融资创新

对于中小企业来说，如果能够成功进行股权融资，对企业发展会有极大的促进作用。为了能够帮助中小企业顺利融资，促进中小企业的长期健康发展，国家在学习欧美和日韩的成功经验后，在资本市场进行了相应的创新，主要是设立了中小板、新三板、创业板专门帮助中小企业在资本市场进行股权融资，降低了相应的发行条件，让中小企业能够在中小板、新三板、创业板直接发行股票和债券进行融资，通过资本市场的创新而实现对中小企业直接融资工具的创新。

（1）中小板

为了更好地解决中小企业融资难问题，2004 年 5 月，深圳证券交易所推出了中小企业板，为中小企业提供了一个良好的融资渠道。2004 年 6 月 25 日，8 家公司在中小板首批挂牌上市，到 2009 年 4 月 30 日，中小板上市公司数量达到 273 家，截至 2018 年 5 月 8 日，中小板上市企业共计 911 家。中小板已经成为一些具有高成长性和高新技术的中小企业以及具有新经济、新商业模式的中小企业融资的首选。中小板在拓展中小企业融资渠道、推进自主创新、解决劳动就业、促进产业转型、提升产业竞争力等方面，日益发挥不可替代的重要作用。其重要作用归纳如下。

①行业分布和地域分布广泛

中小板上市企业行业分布现在已经几乎包括制造业、金融服务业、房地产、互联网、信息技术、物流仓储、交通运输、咨询服务、新材料、新能源、数据处理、饮食娱乐、网络游戏等各个行业，地域分布也涵盖了经济发达的东部地区和经济欠发达的中西部地区。中小板公司良好的市场表现和发展态势为我国经济发展注入了强大的动力，也激发了广大中小企业的上市热情。

②提升企业业绩

上市前后的内部规范化过程、募集资金投向和业务调整，使中小企业强大的自主创新能力和良好的成长性得以体现出来，极大提升了企业的业绩。对于中小板公司来说，这些企业的上市不但提升了企业的社会责任感和发挥在国家经济建设中的重要作用，还以优秀的业绩来回报投资者。

③提升了自主创新能力

中小企业板的成立为我国中小企业融资开辟了专门通道，优化了中小企业的融资环境，能够在很大程度上满足中小企业多样化的融资需求，尤其是具有高成长性和高新技术的中小企业以及具有新经济、新商业模式的中小企业。我国中小企业通过在中小板成功融资上市，大幅改善了企业融资环境。提升了融资能力，满足了企业的融资需求，加大了这些企业的研发投入，促进了这些企业的科技创新。

中小板为我国实施自主创新战略，提高科技水平，促进产业升级，实现从“中国制造”到“中国创造”“中国智造”转变的伟大目标奠定了坚实的基础，是提升我国国际竞争力的根本途径。中小板作为支持国家自主创新战略的重要资本平台，吸引了大批高科技中小企业上市，培育、促进了大量创新型中小企业的成长，有力地支持了国家经济的发展。

（2）创业板

创业板是专为暂时无法在主板上市的创业型企业、中小企业和高科技企业等需要进行融资而提供融资途径和成长空间的资本市场，是对主板市场的重要补充，满足了这些企业多样化的资金需求，在资本市场有着重要的位置。2009 年 10 月，深圳证券交易所推出了创业板，特锐德、神州泰岳、乐普医疗等首批 28 家公司在深交所创业板挂牌上市，创业板的推出对我国资本市场改革发展有重要深远的意义。截至 2018 年 5 月，创业板上市公司共 723 家，总市值 5. 389 万亿元，流通市值 3. 284 万亿元。创业板与主板市场相比，上市条件低，有助于有潜力的高科技中小企业获得融资机会。这些高科技中小企业往往成立时间较短，规模较小，业绩也不突出，但有很大的成长空间，创业板为这些企业提供了融资平台，解决了企业所需资金，促进了这些高科技公司的迅猛发展。可以说，创业板是一个孵化科技型、成长型企业的摇篮。创业板对中小企业的发展和科技创新起了至关重要的作用，主要体现在以下几个方面：

①为高科技企业提供融资渠道。创业板作为多层次资本市场的重要组成部分，为中小企业提供了风险共担、收益共享的直接融资机制，可以缓解高科技中小企业的融资困境，引导风险投资

的投向，协调银行、担保等金融机构对企业的贷款和担保，形成了适应高新技术企业发展的投融资体系。

②为自主创新建立了优胜劣汰机制，提高社会整体的创新效率。一是将真正具有市场前景的创业企业推向市场；二是建立制度化的退出机制，将问题企业淘汰出市场。通过市场机制，有效评价创业资产价值，促进知识与资本的结合，推动知识经济的发展。

③为风险投资基金提供“出口”，分散风险投资的风险，促进高科技投资的良性循环，提高高科技投资资源的流动和使用效率。

④为自主创新提供了激励机制。创业板增加了创新企业股份的流动性，便于企业实施股权激励计划等，鼓励员工参与企业价值创造，资本市场通过提供股权和期权计划，可以激发科技人员更加努力地将科技创新收益变成实际收益，解决创新型企业有效激励缺位的问题。

⑤促进企业规范运作，建立现代企业制度。2001 年初，纳斯达克市场神话破灭，借鉴 NASDAQ 的成功经验而设立的日本创业板和欧洲创业板相继失败，这些国家的创业板在促进高科技企业发展方面所起作用较小。这些国家创业板的经验，给我们很多启示。

首先，应加强风险投资。美国的高新技术企业在 NASDAQ 板块成功获得融资，风险投资功不可没。美国风险投资基金非常发达，风险投资机构对一些具有高成长性的高新技术企业提供资本和增值服务，辅导培育企业快速成长，通过在 NASDAQ 上市转让股份获利。NASDAQ 的成立让这种模式得到了极大的发展，一方面风险投资通过参与和推动企业上市获得了极大的回报，另一方面拥有高新技术的中小企业获得了再融资的平台，促进了这些中小企业蓬勃发展。

其次，应建立创业板上市公司的淘汰机制。创业板退市制度应该多元化、市场化、定量化以及与IPO标准对称化。以财务类标准为主，以市场化标准及行政性标准为辅，并将净利润、净资产、总资产等指标纳入退市标准之中，以此构建真正有效的淘汰机制。

最后，加强上市公司的信息披露。鉴于中国证券市场存在较严重的信息非对称性，并且创业板上市公司存在先天性的自身发展风险，更需要加强在信息方面的披露，借鉴国外经验，对于信息披露的监管除对发行人之外还应在一定的时限内对保荐人、承销商进行监督，通过三者之间的相互制衡有效降低信息非对称性。

（3）新三板

2006年，中关村科技园区非上市股份公司进入代办转让系统进行股份报价转让，称为“新三板”。新三板是我国资本市场的重要组成部分，我国资本市场融资体系的组成：第一个层次是主板，上交所深交所的主板，第二个层次是深交所的中小板和创业板，第三个层次是新三板，新三板是场外市场，定位于全国统一的场外市场。随着新三板市场的发展，我国将逐渐形成由主板、创业板、场外柜台交易网络和产权市场在内的多层次资本市场体系。新三板从2006年推出以来到现在为止发展速度不是特别快，但随着新三板的扩容和制度变革的预期，新三板发展将会加速，为我国中小企业的发展提供更加强有力的资金支持。2012年，经国务院批准，决定扩大非上市股份公司股份转让试点，首批扩大试点新增上海张江高新技术产业开发区、武汉东湖新技术产业开发区和天津滨海高新区，仅仅 2012 年一年，就新增 104 家企业挂牌，单笔融资 3700 万元。自 2013 年 12 月 31 日起，股转系统面向全国接收企业挂牌申请。2017 年第一季度末，全国中小企业股份转让系统（新三板）挂牌公司总数已经突破 11000 家，挂牌公司总市值达到 44390. 92 亿元。截至 2018 年 5 月 8 日，全国中小企业股份转让系统（新三板）挂牌公司总数为 11358 家，总股本 6867. 62 亿股，流通股本 3690. 32 亿股。

如表 3 –4 所示，这些企业由于有了新三板所提供的资金支持，加大了研发投入和技术创新，迅速得到了发展，日益成为国民经济发展重要的支撑力量。新三板的推出，为广大中小企业提供了真正的融资平台。

表 3 –4　　2017 年新三板行业营业收入成长性排行榜

行业	营业收入（万元）	营业收入增长率	研发投入增长率
互联网	18474072	39. 2%	45. 3%
信息技术	16362102	43. 5%	45. 3%
基础化工	15888403	12. 1%	15. 3%
机械设备	14573625	15. 9%	23. 2%
商贸零售	13972546	35. 3%	22. 4%
建筑	11623524	45. 6%	42. 3%
休闲、生活及专业服务	10769583	40. 7%	22. 5%
有色金属	10754736	10. 7%	12. 3%
金融	10108171	9. 5%	13. 6%
医药生物	9419393	27. 6%	30. 2%

从发展潜力来说，后备中小企业数量非常充足，发展前景广阔，由于中小板和创业板市场的要求较为严格，而新三板的条件较为宽松（见表3－5）。考虑到IPO的压力，以及大量潜在的挂牌企业的融资需求，大部分高新技术中小企业规模比较小还达不

表3－5　　新三板与创业板、中小板挂牌条件比较

项目	新三板	创业板	中小板
主体资格	非上市股份公司	依法设立且合法存续的股份有限公司	依法设立且合法存续的股份有限公司
经营年限	存续满2年	持续经营时间在3年以上	持续经营时间在3年以上
盈利要求	具有持续经营能力	最近两年连续盈利持续增长，净利润累计不少于1000万元。（或）最近1年净利润不少于500万元，营业收入不少于5000万元，最近2年营业收入增长率均不低于30%	最近三个会计年度利润均为正数且累计超过3000万元
资产要求	无限制	最近一年期末净资产不少于2000万元，且不存在未弥补亏损	最近一年期末无形资产（扣除土地使用权、水面养殖权和采矿权等后）占净资产的比例不高于20%
股本要求	无限制	发行后股本总额不少于3000万元	发行前股本总额不少于人民币3000万元
主营业务	主营业务突出	最近2年内没发生重大变化	最近3年内没发生重大变化
实际控制人 董事及管理层	无限制 无限制	最近2年内未发生变更 最近2年内没有发生重大变化	最近3年内未发生变更 最近3年内未发生重大变化
成长性及创新能力	中关村高新技术企业	“两高六新”企业	无限制
投资人	具备风险识别和承担能力	有两年投资经验的投资者	无限制
信息披露	年报和半年报	年报、半年报和季报	年报、半年报和季报
备案或审核	备案制	审核制	审核制

到上市条件，但这些公司有很好发展潜力的产品和技术，缺乏的就是相应资金的支持，新三板为这些公司提供了一个重要的融资渠道，为这些企业的发展提供了重大的机遇。但是由于我国资本市场的不完善，新三板挂牌企业的风险较高，对参与投资对象的身份及数量上的限制，导致新三板企业交易量相对较少，流动性不足，融资有限。在未来，新三板还需完善各方面建设，才能成为中小企业在资本市场融资的主渠道，为中小企业的发展提供资金支持，促进中小企业的发展。新三板是一个公开转让市场，具有准交易所的性质，它的服务对象是具有创新活力和高增长潜力的中小企业，并且在制度方面，新三板从核准制向注册制的转变，是一个积极探索，对中国市场具有重要的意义。

3.5.2 债权融资创新

债权融资是中小企业的一个重要融资方式。我国绝大部分中小企业是家族企业和合伙人制的企业，股权结构往往非常简单，其中亲友和合伙人的股权占比很高，在我国的传统文化环境下，中小企业更希望能够获得资金支持而不削弱对企业的控制权，债权融资方式的优势更能够满足企业的上述需求。

股票和债券都是中小企业最重要的直接融资工具，中小企业通过股票进行融资主要是通过在中小板、创业板、新三板发行股票进行融资，在前面章节已经做了详细的分析，又因为本书重点研究的是中小企业集合可转债，所以本书接下来对中小企业直接融资工具的分析主要针对中小企业债券。

（1）中小企业私募债

中小企业私募债实现了直接融资与中小企业的有效对接，为中小企业融资难问题找到了新的解决途径，也将对债券市场的发展起到积极促进作用，有望为资本市场创新注入新的活力。2012年5月22日，沪深交易所同时出台了《中小企业私募债券业务试点办法》，次日，证券业协会颁布《证券公司开展中小企业私募债券承销业务试点办法》，对前一日交易所公布的《试点办法》进行补充和细化。2012年6月8日，首只中小企业私募债成功发行，截至2013年8月1日，总计发行238只私募债券，发行金额总计284.5亿元。

但是私募债券的发行也出现了一些挫折，从2012年6月至9月的发行状况看，私募债出现了"量价齐跌"，发行量和票面利率一路走低，9月甚至出现了零发行的空窗期。2012年10月，上海金丰建设发展有限公司成功发行了票面年利率为8%的私募债。2013年6月，深圳市巨龙科教高技术股份有限公司发行中小企业私募债的票面利率为13.5%。

首先，作为一种流动性较差的高收益债券，相比于其他类流动性较好的投资产品来说，私募债券收益率没有任何优势，无法激发投资者的兴趣。而且中小企业私募债流动性还受到限制，一般购买之后只能持有至到期，投资者认为这方面也应得到补偿才算合理。从这个角度讲，中小企业私募债发行收益率偏低。

其次，通过发行私募债融资成本并不低。票面利率加上承销费、担保费、审计费、律师费、评级费等，实际融资成本并不会比其他融资方式的融资成本低。这造成了高成长性的优秀中小企业不愿意发债，发债的企业又很难得到市场认可的尴尬局面。由于中小企业私募债的发行规模较小，券商对私募债收费金额相对较少，而且私募债发行企业以中小企业居多，财务状况较差，具有较大信用风险和流动性风险，券商付出的努力程度反而更高，承担的风险更大。这也降低了券商的积极性。

最后，私募债的销售很困难。由于私募债的投资对象主要为金融机构投资者和实力雄厚的个人投资者，中小企业私募债较小的发行规模，很难满足他们的投资需求。

中小企业私募债的发行条件明显低于其他债券，其投资者主要是机构投资者，由于私募债的高风险特征，交易所规定发行人设置如偿债保障金、增信措施等保护性条款。从长远来看，未来中小企业私募债的发展与扩容需要配套制度的建设与完善，包括培育机构投资者、丰富增信途径、健全偿付机制、建设信用评级体系等，降低中小企业私募债的融资风险，保护投资者的利益，促使中小企业私募债发行成功。

（2）创业板私募债

2011 年 11 月，证监会启动创业板上市公司发行非公开发行公司债券。2012 年 5 月 9 日，创业板上市公司乐视网向 6 家机构投资者发行 2 亿元 3 年期的私募公司债，票面利率为 9.99%，诞生了首个创业板私募债。创业板私募债为中小企业找到了另一个重要的融资渠道，增加了上市公司的融资途径。但是由于创业板私募债对特定投资者的定向非公开发行，这也决定了投资者数目较少，流动性较差。而且创业板公司规模小、经营风险较高，现金流动性较弱，相比其他投资方式的收益率也没有优势，投资者没有很大的热情，机构投资者保持观望。同时，由于发行利率较高，再加上其他费用，导致创业板私募债的融资成本甚至高于银行贷款利率，创业板上市公司并不热衷私募公司债融资。

（3）非金融企业非公开定向发行债权融资工具

非公开定向债务融资工具（private placement note，PPN）是具有法人资格的非金融企业，向银行间市场特定机构投资人发行债务融资工具，并在特定机构投资人范围内流通转让。2011 年 4 月 29 日，中国银行间市场交易商协会颁布了《银行间债券市场非金融企业债权融资工具非公开定向发行规则》，产生了一种新的中小企业融资工具——非金融企业非公开定向发行债权融资工具（PPN）。2011 年 5 月 4 日，中国银行间债券市场首批非公开定向债权融资工具推出，PPN 的推出，为中小企业提供了一个全新的直接融资渠道，引入了风险偏好型私募基金等机构投资者，同时也为商业银行等金融机构获得很多新的业务盈利点和增长点，在一定程度上缓解了我国中小企业融资难的现状，拓宽了中小企业融资渠道。截至 2013 年 8 月，PPN 共计发行 590 只，融资额度为 8200 亿元，有力地支持了中小企业的发展。

公开发行和非公开发行是两个相对的概念，公开发行和非公开发行债权融资工具存在较大的差异。

从发行形式上看，公开发行是在注册之后向非特定投资人招募，为了非特定投资人参与认购，发行条件通常是标准化的。而定向发行是向特定投资人发行的金融产品，发行人与投资人必须在注册之前基本协商完成。

从运行机理上说，公开发行是在注册之后公开募集资金，发行条件是标准化的。定向发行则是发行人与投资人在注册之前基本协商完成，进一步强化了发行人和投资人的自主协商机制，体现了市场化原则和契约自由原则，是更高层次的市场开放和市场约束。

在发行条件规则的设计方面，定向发行的发行人与投资人通过协商谈判确定《定向发行协议》，协议中的利率、期限、信息披露方式、再融资等条款设计更具灵活性和个性化，便于发行人与投资人满足个性化投资需求，促进发行成功。

在定价方面，非公开定向工具的发行价格、发行利率、所涉费率遵循自律规则、按市场方式确定，由于非公开定向工具针对的是特定对象，流动性较差，存在一定的信用风险和流动性风险，为了弥补风险带来的损失，与公开发行债务融资工具相比存在着一定的流动性溢价。

在约束机制方面，非公开发行减少了事前管制，不再强制要求信用评级，把风险防范的部分微观职责交给投资人自主决定，更能发挥市场主体自主协商的契约意识，满足发行人和投资人的个性化需求，促进发行的成功。

在市场发展动力方面，非公开发行定向融资工具不对产品结构作细致规定，鼓励市场成员自主创新，通过引导市场主体自发创新，形成可持续的市场创新动力。

随着我国债券市场规模的扩大，促进市场功能的提升越来越成为相关职能部门重点关注的问题。参考美国的债券市场发展经验，市场投资人结构优化会带来市场功能的提升，分层有序的投资人结构不仅可以提高市场运行效率，而且可以容纳多样化的债务融资工具。非公开发行定向工具对于深化市场功能、完善市场结构有着重要作用。非公开定向发行市场与公开发行市场将是构成我国债券市场功能互补、协调发展的两个组成部分，推动我国直接融资比重的继续扩大，进一步促进我国融资结构的优化。

（4）中小企业集合票据

2009 年 11 月 13 日，我国首批中小企业集合票据通过了交易商协会的注册申请，和银行间中期票据、企业债等相比，其存量规模较小。中小企业集合票据是指 2 个（含）以上、10 个（含）以下具有法人资格的非金融中小企业，在银行间债券市场以“统一产品设计、统一券种冠名、统一信用增进、统一发行注册”方式共同发行的，并约定在一定期限还本付息的债务融资工具。这为中小企业提供了新的直接债权融资渠道，有利于解决中小企业的融资问题。对单一企业的标准较低，易于中小企业达到要求，融资成功有利于提升单一企业的信用等级，降低融资成本，极大提升企业知名度，树立良好的企业形象，促进企业的健康发展。

2009 年国内首批中小企业集合票据成功发行，中小企业集合票据市场发展迅速。中小企业集合票据已成为中小企业的一条重要直接融资渠道，2010 年 12 月 31 日，浙江义乌三家中小企业联合发行 1. 45 亿元 365 天期集合票据，截至 2012 年 12 月，共发行 91 期集合票据，筹集资金 231. 47 亿元。

相对于上市融资的高要求、过长的时间周期和银行的“难贷款”，中小企业集合票据对于单一企业的要求较低，对于规模小和风险高的中小企业是非常理想的融资渠道。作为一种中小企业融资工具创新，中小企业集合票据已成为有效缓解中小企业融资难的新途径。但是在发行后，也出现了一些问题，北京经济技术开发区 2010 年第一期中小企业集合票据由于发债企业北京康特荣宝电子公司无法按时足额地偿付首笔兑付资金，最后由担保人首创担保代为履行了还款责任。2012 年 12 月 24 日，常州高力彩钢板有限公司［作为常州市 2011 年度第一期中小企业集合票据

（总规模 4.6 亿元）发行人之一］贷款逾期涉及诉讼，目前已停产。

（5）中小企业集合债券

长期以来，我国中小企业的发展受到融资难问题的制约。融资渠道的狭窄，使其无法为中小企业募集充裕的资金支持中小企业的快速发展，因此拓宽中小企业的融资渠道，进行中小企业融资工具创新就成了现在迫切要解决的问题。中小企业集合债券是指通过一个中小企业组织，由多个中小企业构成的集合为发行主体，发行企业各自决定发行额度，分别负债，使用统一的债券名称，统收统付，向投资人发行的约定到期还本付息的一种企业债券形式。它是以银行或证券机构作为承销商，由担保机构担保，评级机构、会计师事务所、律师事务所等中介机构参与，并对发债企业进行筛选和辅导以满足发债条件的新型企业债形式。这种模式较好地解决了中小企业融资中风险与收益不对称的问题，为中小企业融资开辟了新途径、新模式。2007 年深圳中小企业集合债券，发行总额 10 亿元；2009 年大连市中小企业集合债券，发行总额 5.15 亿元；2010 年 6 月，浙江中小企业首次联合发债 6.6 亿元，并引入回购机制。随着中小企业集合债券融资方式的进一步完善，截至 2015 年 1 月 26 日中小企业集合债券共发行了 16 只。相比较而言，中小企业集合债券的发行可以促进优质中小企业的直接融资，且融资成本低，为中小企业发展提供强有力的支持。

可是，发行后也出现了一些失败的案例。2012 年 1 月 5 日，北京地杰通信设备股份有限公司（2010 年中关村高新技术中小企业集合债券发起人之一）4000 万元债券本息无力偿还，成为中小企业集合债券史上首例风险事件。2016年4月15日，作为“2013年云南中小企业集合债券”（简称13云中小债）联合发行人之一的天浩稀贵公告称，公司自主偿债能力下降，存在无法还本付息风险，并已申请担保人履行担保责任。

根据收集来的各个中小企业集合债券募集说明书，自2007年11月14日到2015年1月26日，我国已先后成功发行了16只中小企业集合债券，累计为120家中小企业融得资金60.67亿元，有力地支持了中小企业的发展。这16只中小企业集合债券的发展状况体现了我国中小企业集合债券的发展现状，现将这16只中小企业集合债券的发行规模、发行利率、发行企业数量、发行时间、发行期限、信用评级、担保主体等方面内容进行了归纳整理，如表3－6所示。

表3－6　　　　我国已发行的中小企业集合债券①

债券名称	规模（亿元）	发行利率	企业数目	发行时间	发行期限	信用评级	担保主体
07深中小债	10	5.07%	20	2007－11	5	AAA	国家开发银行
07中关村债	4	6.68%	4	2007－12	3	AAA	国家开发银行再担保有限公司
09连中小债	5.15	6.53%	8	2009－05	6	AA	大连港集团
10武中小债	2	4.66%	5	2010－04	3	A＋	武汉信用风险管理公司
10中关村债	3.83	5.18%	13	2010－08	6	AA＋	中关村科技担保有限公司
11豫中小债	4.9	7.8%	8	2011－02	6	AA	河南省中小企业投资担保股份有限公司等四家
11常州中小债	5.08	5.03%	10	2011－03	3	AA＋	常州投资集团有限公司
11蓉中小债	4.2	6.78%	8	2011－04	6	AA	成都工业投资集团有限公司
12芜中小债	4.1	7.3%	7	2012－07	6	AA	芜湖建设投资有限公司

① 截至2015年1月26日，数据来源于各个中小企业集合债券募集说明书。

续表

债券名称	规模（亿元）	发行利率	企业数目	发行时间	发行期限	信用评级	担保主体
12 扬州中小债	2.18	7.15%	5	2012－08	6	AA＋	江苏省信用再担保有限公司
12 合肥中小债	1.75	7.58%	4	2012－09	6	AA＋	安徽省信用担保集团有限公司
12 石开中小债	1.78	7.2%	5	2012－12	6	AA＋	中国投资担保有限公司
13 云中小债	4	7.6%	6	2013－04	6	AA＋	昆明产业开发投资有限公司
14 扬州中小债	1.9	8.48%	3	2014－06	6	AA＋	江苏省信用再担保有限公司
14 邯郸中小债	2.58	9.5%	7	2014－11	6	AA＋	邯郸市城市建设投资有限公司
15 湖南中小债	3.22	8.8%	7	2015－01	6	AA	湖南担保有限责任公司
合计/平均	合计 60.67	平均 6.96%	合计 120	—	平均 5.38	—	—

从表3－6可以看出，其中“07 深中小债”“07 中关村债”“09 连中小债”“10 武中小债”“10 中关村债”“11 豫中小债”“11 常州中小债”“11 蓉中小债”8 只中小企业集合债券已到期，共偿还资金39.96 亿元，尚存续8 只中小企业集合债券，未到期资金21.51 亿元。16 只集合债券平均利率为6.96%，平均年限为5.38年。然而，可以看出我国中小企业集合债券解决中小企业融资难问题的效果并不理想，我国中小企业集合债券发展中存在以下问题。

①融资规模逐渐减小

借助于表3－6，将我国已经成功发行的16 只中小企业集合债券的融资规模按发行时间顺序进行作图，具体见图3－4。

通过图3－4，结合表3－6，我们可以发现，我国中小企业集合债券的融资规模正在逐渐减小，从第一只中小企业集合债券“2007 深中小债”10 亿元的融资规模减少到了最近七只平均融资规模为2.487 亿元，其中“2012 合肥中小债”融资规模仅为

1.75 亿元。可见我国中小企业集合债券的融资规模呈现逐年减少的趋势。但是随着我国中小企业在市场经济中的作用不断增强，中小企业对融资的需求会呈现出越来越大的趋势。而中小企业集合债券作为解决中小企业融资难问题的一种新型途径和重要方法，其融资规模减小将会导致越来越多的中小企业难以通过中小企业集合债券的方式实现融资，满足其资金需求。

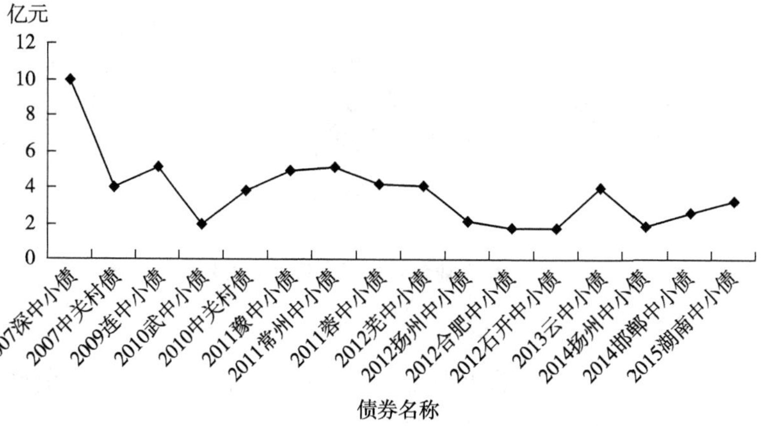

图 3－4　中小企业集合债券融资规模变化趋势

②发行企业数目逐渐减少

借助于表 3－6，将我国已经成功发行的 16 只中小企业集合债券的发行企业数目按发行时间顺序进行作图，具体见图 3－5。

通过图 3－5，结合表 3－6，我们可以发现，我国中小企业集合债券的发行企业数量也呈现下降趋势，从第一只中小企业集合债券“07 深中小债”的 20 家企业，到最近 6 只平均约 5.33 家企业，其中 2014 年 6 月发行的“14 扬州中小债”的发行企业更是少至 3 家。随着我国经济的发展壮大，我国中小企业的数量将迎来更迅速的增长，需要进行融资的中小企业数量也会越来越多，而中小企业集合债券的参与企业数量却呈减少趋势，这不符合我国中小企业发展对融资需求的现实。

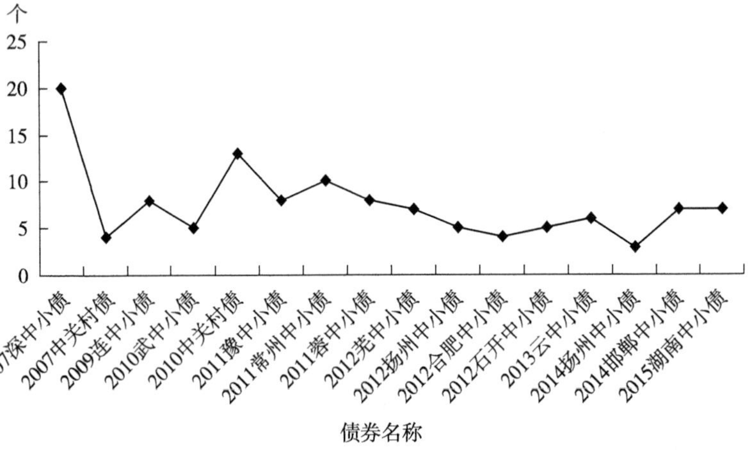

图 3－5　中小企业集合债券发行企业数目变化趋势

③发行利率逐渐升高

借助于表 3－6，将我国已经成功发行的 16 只中小企业集合债券的发行利率按发行时间顺序进行作图，具体见图 3－6。

通过图 3－6，结合表 3－6，我们可以很直观地看到，我国中小企业集合债券的发行利率呈现逐渐上升的趋势，从第一只中小企业集合债券的“07 深中小债”5.07% 的发行利率，到最近 5 只平均 8.32% 的发行利率，而且最近发行的中小企业集合债券，其发行利率呈稳步上涨趋势，涨幅稳定，利率都在 7% 以上，特别是 2014 年 11 月发行的“14 邯郸中小债”，其发行利率已高达 9.5%。而 2015 年，中国企业的利润率均值为 3.3%，资产收益率均值为 4.6%，19.8% 的企业利润率为负[①]。我国中小企业集合

① 资料来源：中国企业调查数据中心联合武汉大学质量发展战略研究院发布的《2015—2016 年中国企业—劳动力匹配调查（CEES）报告》。

债券的发行利率上升的趋势，不利于鼓励中小企业运用中小企业集合债券来进行融资。利率上升加重了中小企业通过中小企业集合债券方式进行融资的负担，而过重的负担将使中小企业丧失对通过中小企业集合债券实现融资的兴趣。不利于中小企业集合债券的这一创新工具的运用和发展，同时，也为解决中小企业融资难问题带来了不利的影响。

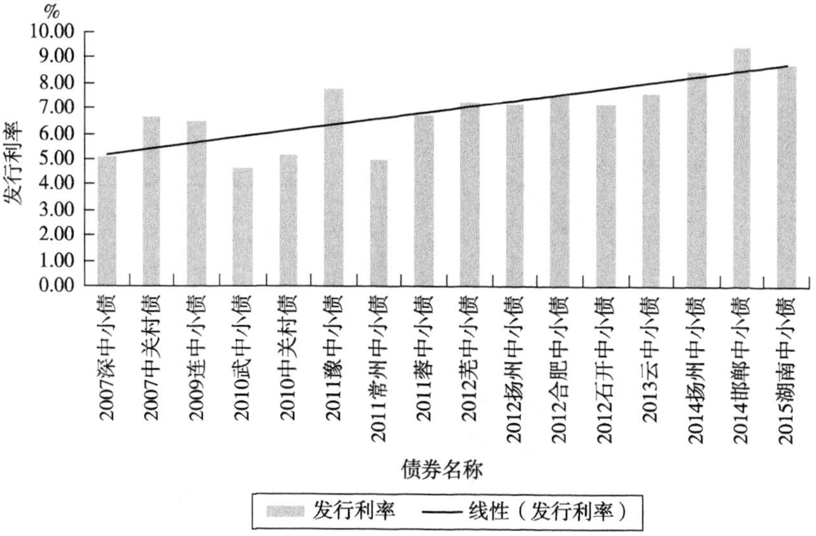

图 3－6　中小企业集合债券发行利率变化趋势

④信用评级逐渐降低

如果对中小企业的信用评级运用 10 分制赋值法进行赋值，AAA＝10 分，AA＋＝9 分，AA＝8 分，A＋＝7 分，借助于表 3－6，将我国已经成功发行的 16 只中小企业集合债券的信用评级按发行时间顺序进行作图，具体见图 3－7。

根据图 3－7，可以很直观地观察到，除了在 2007 年发行的“07 深中小债”和“07 中关村债”是 AAA 的信用评级之外，其余中小企业集合债券都不是AAA的信用评级，如“2010武中小债”甚至只有A+的信用评级。总体上，中小企业集合债券的信用评级呈现逐渐下降的趋势。而较低的信用评级降低了中小企业集合债券对投资者的吸引力，相当一部分稳健型投资者进行投资决策的时候会放弃对较低信用评级的中小企业集合债券进行投资，因而使得中小企业损失了许多潜在的、可以从中获取融资的投资者。这使中小企业集合债券解决中小企业融资难的作用难以得到有效发挥。

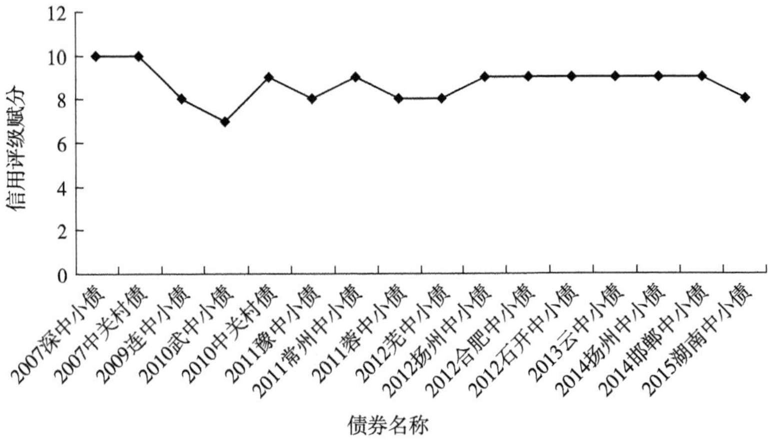

图3-7　中小企业集合债券信用评级变化趋势

2007年银监会出台的《关于有效防范企业债担保风险的意见》禁止银行机构为企业债券进行担保，所以自“07深中小债”和“07中关村债”能获得国家开发银行的担保取得AAA信用评级后，其余在2007年以后发行的集合债券由于没有银行作为担保主体进行信用增级，只能寻求信用评级不如银行类金融机构的大型企业或有关担保企业进行担保信用增级，导致信用评级在AAA级以下。这从一定角度说明了我国中小企业集合债券信用评级过度依赖于担保主体的信用，一旦担保主体出现情况变化，则集合债券的信用评级会发生相应的变化。而信用评级下降会导致中小企业集合债券信用风险的上升，所以，为了提高对投资者的吸引力，中小企业集合债券要融到相应的资金不得不提高自身的利率，对投资者进行中小企业集合债券投资的风险补偿。而利率上升，融资成本增加，导致许多中小企业不能或不愿接受较高的融资成本去参与发行中小企业集合债券，这样会让中小企业集合债券的发行企业数目逐渐减少。

从上述分析中我们可以看出，其实中小企业集合债券的发行规模减少，发行企业数目减少，发行利率升高，信用评级降低等问题的出现，实际上就是中小企业集合债券的风险问题，如何控制和减少风险，让投资者能够获得合理回报，才能解决上述中小企业集合债券发生的问题。我国中小企业集合债券发展处于困境的主要原因是过度依赖外部增信方法，并且相应的内部增信方法较少。现行信用增级模式不利于促进我国中小企业集合债券融资方式的发展。因此，有必要对中小企业集合债券现行信用增级模式进行改进。

中小企业集合债券的推出就是为了破解中小企业融资难题而进行的融资工具创新，但经过多年发展，出现了许多问题。首先，违约率太高，目前中小企业集合债券的发行总量并不大，却接连出现违约事件，这说明中小企业集合债券的风险较高。其次，随着中小企业集合债券的发展，投资者现在只关注担保人的信用资质，而不是发行人本身，信用风险完全从发行人转移到担保人，这较大程度减少了中小企业集合债券的存在价值。最后，由于中小企业规模小、风险高的特征，中小企业集合债券的推出就是通过集合的方式分散信用风险，但是结果却适得其反。而且大部分中小企业集合票据和中小企业集合债券将会到期，后期信用风险频发的概率很高，并且中小企业容易受到经济波动的冲击，尤其是在发展中国家，融资渠道狭窄的中小企业的生存就更加不稳定。

由于中小企业集合债券的发行企业数目较多，而且分布的行业也不同，为了能够有效降低集合债券投资风险，保护投资者权益，需要制定一套多层次的担保体系。首先，由一家大型的实力雄厚的专业担保公司为集合债券提供统一担保。由该公司担保能有效提升集合债券的信用等级；其次，由多家专业的担保机构分别就各自的发债中小企业提供担保并承担连带担保责任；最后，各发债中小企业向这些专业的担保机构提供抵押、质押等反担保措施。多层次担保结构能够更多地提升中小企业集合债券信用等级，增强中小企业集合债券信用增级的效果。

为了减少中小企业集合债券的投资风险，我们应该加强信用增进机制，积极采取第三方回购、自有资产抵押、设立偿债风险准备金等方式。通过发行企业、信用增级机构和资金监管银行签订相关偿债账户资金监管协议等，建立投资者保护机制，充分兼顾市场各方利益，使之成为中小企业持续融资的平台。

（6）中小企业直接债权融资工具与间接债权融资工具的比较

我国社会融资结构不合理，间接债权融资规模远远高于直接债权融资规模，企业资金的主要来源仍是银行信贷，这导致银行系统积聚了大量融资风险，银行呆账、坏账的增多促使银行提高了贷款要求，规模小、风险高的中小企业越来越难从银行获得贷款。对于中小企业来说，直接融资比间接融资具有更多的优势。

随着经济的发展，中小企业对资金的迫切需求日益明显，对中小企业的直接融资工具进一步创新，拓宽中小企业的融资渠道，越来越成为一种迫切需求。

中国人民银行统计数据显示，从社会融资规模存量看，截至2018年3月末，对实体经济发放的人民币贷款余额占同期社会融资规模存量的68.8%，同比高1.4个百分点；企业债券余额占比10.5%，同比低0.5个百分点；非金融企业境内股票余额占比3.8%，同比高0.1个百分点。可以看出，中小企业利用资本市场进行直接融资的比例相对较低，资本市场依然是我国中小企业融资体系的短板。从存量角度看，我国直接融资比重相对波动较小，所占比例较低，所以发展直接融资，降低中小企业融资成本的潜力很大。在发展直接融资过程中，不仅要把债券融资放在更加突出的发展位置，提高货币政策对债券融资的支持力度，而且要加快完善资本市场制度建设、提高资本市场融资功能，建立起强大完善的资本市场，为中小企业的长期稳定发展提供强有力的资金支持。现将中小企业直接债权融资工具与间接债权融资工具作比较，如表3-7所示。

表3-7　企业间接债权融资工具与直接债权融资工具比较

融资工具	间接债权融资工具		直接债权融资工具
具体工具	银行贷款	商业票据	企业债、中票、短融、公司债、集合票据、私募债、资产证券化（ABS、ABN）等
审批难度	相对容易	相对容易	企业债和公司债：较难，中票、短融、集合票据：相对容易
期限	较为灵活	不超过1年	中长期：企业债、公司债；中期：中票、集合票据、私募债和资产证券化；短期：超短融、短融，可灵活选择发行券种
成本	较高	低	较低（除风险、发行利率高的私募债外）

续表

融资工具	间接债权融资工具		直接债权融资工具
规模	较大	较大	可大可小
优点	可根据具体需求与银行进行谈判，较为灵活	①审批快； ②成本低	①提升企业知名度；②分散银行体系风险；③发行集合票据和私募债等融资；④多为固定收益产品，成本低易锁定；⑤市场化制度建立；⑥企业债、中票、短融流动性好；⑦多种融资工具匹配不同需求；⑧发行、交易等制度规范
缺点	①风险过度集中于银行体系； ②成本高且不易锁定； ③中小企业难以借款； ④规模不宜过大，多头谈判效率低	①主要为银行承兑汇票，工具单一，承兑风险集中； ②加大货币政策压力； ③采取实物券方式，交易效率低下，基础设施建设滞后； ④法律法规不完善	①发行规模有限制（企业债、中票、短融等）；②部分工具审核难度大，时间长（如企业债）

从表3－7可以看出，与间接债权融资工具相比，直接债权融资工具具有更多的优势，所以要提高直接债权融资比例，创新直接债权融资工具，优化金融资源配置，为中小企业提供更多的融资工具，满足中小企业的资金需求。

长期以来，我国中小企业融资的主要方式仍以银行信贷间接融资为主，由于中小企业自身的规模小、风险高、缺乏合适抵押物的特点，银行出于规避风险的目的，中小企业从银行获得贷款的难度加大。可见，我国现有的以银行贷款间接债权融资为主、民间资金借贷和资本市场的直接融资为辅的融资体系已经不能适应我国中小企业快速发展的融资需求。因此加快发展我国的资本市场，进行中小企业直接融资工具的创新，拓展中小企业的融资渠道来满足中小企业的融资需求就成为现在急需解决的问题。因此，需要推进多层次资本市场建设，提高直接融资比重，继续推动债券市场创新发展，增强中小企业融资能力。

3.6　国际经验几点启示

中小企业对我国经济发展所起的作用越来越大，在繁荣经济、增加就业、推动创新等方面起了重要的作用，对促进社会的稳定和国民经济的健康发展作出了巨大贡献。我国进行中小企业直接融资工具创新不仅需要结合中国中小企业的具体特点，还要积极借鉴国外先进的经验。美国、日本、韩国的中小企业直接融资创新工具各具特色，我国可以从中得到宝贵的经验和启示。

3.6.1　加大中小企业自身内部积累

我国中小企业内部积累能力相对比较弱，要改变这种状况，应加快企业治理结构的建设，提高自身管理水平，保持企业资本结构的合理性，建立健全财务管理制度，提高资金使用效率。降低企业管理和财务风险，增强产品的市场竞争力，提升企业的盈利能力，制定合理的利润分配政策，提高企业市场竞争力和经营发展能力，从而提升收益质量，使内部资金更大程度上满足企业发展的需要。

3.6.2　加大政府对中小企业融资的支持

（1）健全支持中小企业融资的法律法规

和国外相比，我国的中小企业法律相对较少而且单一，只有促进中小企业正常运行和发展的基本法律，没有帮助和支持中小企业发展的法律。因此，我国应尽快出台相应的法律法规，支持中小企业的发展。

（2）建立大量政策性金融机构帮助中小企业融资

从国际上来看，金融机构越来越专业化，欧美日韩等为中小企业提供融资服务建立了大量的中小融资机构，其中以美国最为典型。据统计，美国有上万家专门从事为中小型企业提供金融服务的中小企业投资公司，极大地满足了中小企业发展中的资金需求。中小金融机构具有信息、经营灵活等方面的优势，主要为中小企业提供金融服务，能够较好地解决中小企业的资金难题。因此我国需大量建立为中小企业服务的金融机构。

（3）积极引导银行增强对中小企业的融资服务

政府要充分发挥财政政策的引导和激励作用，促进金融机构对中小企业的融资服务；要完善中小企业信用担保体系，降低金融机构对中小企业提供融资服务的风险，让那些有发展潜力的中小企业能够成功融资，促进中小企业的健康发展。

3.6.3 积极引导和利用民间资本为中小企业融资服务

一方面，我国民间有大量的资本，这些资本如果不能合理利用，就会对社会经济的发展造成极大的浪费；另一方面，我国中小企业又普遍面临着资金紧缺。从国际上看，中小金融机构已成为中小企业融资的主要渠道，在我国建立起发达的多层次中小金融机构的金融体系，已经是当务之急。由于受到准入限制和制度的约束，我国中小金融机构普遍规模小，管理不健全、经营独立性差，提供的中小企业融资服务十分有限。国家应积极鼓励民间资本建立民间金融机构，为中小企业提供融资支持。

3.6.4　完善资本市场，拓宽直接融资

建立起完善发达的资本市场，针对不同阶段、不同风险特征和规模的中小企业提供直接融资，这能极大地拓宽中小企业的融资渠道，解决中小企业的资金需求，促进中小企业的发展。因此，我国应积极建立一个多层次的资本市场体系，特别是针对高风险具有较大发展潜力的高新技术中小企业，满足中小企业的直接融资需求。

3.6.5　积极进行中小企业直接融资工具创新

为了解决中小企业融资的难题，美国、日本、韩国等进行了直接融资工具创新，如美国的互联网融资、天使投资和众筹融资，日本建立了 OTC 和 JASDAQ 专门帮助中小企业在资本市场直接融资，韩国建立了中小企业融资的二板市场——科斯达克市场（KOSDAQ）进行股权融资。同时，政府先后拟定了对这些融资工具的政策法规，让中小企业能合理地使用融资工具，满足融资需求。目前，我国虽然出现了一定的中小企业融资工具创新，但是仍然满足不了我国庞大的中小企业资金需求。因此，我国应根据国家的实际情况，推动更多中小企业直接融资工具的创新来破解其融资难的困境。

3.7 本章小结

本章选取了美国、日本、韩国三个具有典型中小企业融资特征的国家，详细地分析和介绍了其中小企业融资特征及直接融资创新工具。通过分析和比较这些国家的中小企业融资特点和直接融资创新工具，发现这些国家主要是从建立完善的中小企业信用担保体系，积极进行中小企业直接融资工具创新，拓宽中小企业融资渠道来破解中小企业融资难题的。对于我国中小企业面临的融资困境，应该结合我国中小企业发展的具体特点，借鉴国际经验对我国的启示。首先，学习美国联邦小企业管理局的经验，设立类似的管理机构，积极推动商业银行等对中小企业提供融资服务。其次，建立完善的信用担保体系。学习日本先进的信用担保体系，有效解决中小企业和银行之间的财务信息不对称问题，减少银行的融资风险，提高银行对中小企业的融资贷款意愿。最后，借鉴韩国的做法，针对中小企业自身的特点，创立 P－CBO 为中小企业融资。我国也应该积极进行融资工具的创新研究，推出适合的融资工具，满足中小企业的资金需求，促进中小企业的发展。在信贷市场发展与融资工具创新的同时，辅之以科学的法律制度建设，发挥市场应有的力量。通过对本章的梳理，我们可以发现，我国现有的以银行贷款间接债权融资为主，民间资金借贷和资本市场的直接融资为辅的融资体系已经不能适应我国中小企业快速发展的融资需求。而直接融资方式和间接融资方式相比，具有更大的优势。随着经济的发展，中小企业对资金的迫切需求日益明显，对中小企业的直接融资工具进一步创新，拓宽中小企业的融资渠道，越来越成为一种迫切需求。

我国在中小企业直接融资创新方面进行了大量的探索，并取得了一些宝贵的成果，从中小企业股权融资来看，中小板、创业板与新三板的设立增加了中小企业的融资路径，为中小企业健康发展奠定了资本市场基础。另外，从中小企业债权融资来看，也有了中小企业私募债、中小企业集合票据、中小企业集合债券等新的融资工具。这些直接融资创新工具为我国中小企业开辟了新的融资路径，有力地促进了我国中小企业的健康发展。所以，发展直接融资不仅要把债券融资放在更加突出的发展位置，提高货币政策对债券融资的支持力度，而且要加快完善股票市场制度建设、提高股票市场融资功能，建立起强大完善的资本市场，为中小企业的长期稳定发展提供强有力的资金支持。

第四章　中小企业直接融资工具创新

——中小企业集合可转债

从之前的分析我们可以看出，中小企业是国民经济的重要组成部分，对社会经济的发展作出了巨大的贡献。但是中小企业在发展的过程中一直受到融资难问题的困扰，这严重阻碍了中小企业健康有序的发展，给整个国家社会的经济发展也带来了严重的影响。研究发现，由于中小企业直接融资方式比间接融资方式具有巨大的优势，而且发展的潜力很大，对于中小企业融资问题的解决有更加重要的作用，因此积极进行中小企业直接融资工具创新，拓宽中小企业的融资渠道，增加对中小企业的资金支持成了现在迫切需要解决的问题。而进行中小企业直接融资工具创新的关键在于以下几个方面。

（1）对中小企业直接融资创新工具增信，降低融资风险

由于中小企业具有资信低、规模小、风险高、信息不透明等特征，在资本市场上通过发行债券或股票融资，单个中小企业很难达到资本市场发行债券或股票进行融资的标准。可以尝试改进现有的对中小企业直接融资工具单一的外部增信模式，变为内部和外部同时为中小企业直接融资工具增信，并借助资产证券化技术，对中小企业直接融资工具进行资产的分层设计，降低风险。

（2）优化中小企业直接融资工具发行企业的主体结构

进行中小企业直接融资工具创新最关键的问题就是中小企业直

接融资工具的风险问题，如何控制和减少风险，让投资者能够获得合理回报，让中小企业直接融资工具创新成功，从而有效发挥中小企业直接融资工具为中小企业募集资金的作用。而通过对中小企业直接融资工具发行企业的主体结构进行优化，建立有效的中小企业集合的形式，可以很好地化解中小企业直接融资工具的风险。

（3）对中小企业直接融资工具的定价研究

对中小企业直接融资工具的合理定价决定了这些工具能否成功发行。如果定价过高，虽然增强了对投资者的吸引力，但是也加大了中小企业将来的财务负担，不利于中小企业的长期健康发展。如果定价过低，则不能吸引更多的投资者，不能为中小企业募集足够资金支持中小企业发展。可见，对中小企业直接融资工具的定价十分重要，不仅是企业发行中小企业直接融资工具的理论依据，也是投资者作出投资决策的基础，只有中小企业直接融资工具的供需双方对中小企业直接融资工具的价值进行合理评估，通过双方的博弈，才能形成真正体现双方利益的合理价格，有利于中小企业直接融资工具的顺利发行，为投资者和中小企业获得双赢的结局，促进证券市场的健康发展。

国家在这方面做了积极探索和创新，改革金融体制，建立中小银行，但受银行体系整体改革困难、中小企业自身特点的影响而难以如愿；先后在资本市场推出了中小板、创业板、新三板，又受该市场容量有限及上市条件严苛的影响而难以进入；在融资工具创新方面创立中小企业集合债券，虽然是一次成功大胆的尝试，但是受到社会担保信用体系建设不完善等因素影响，中小企业集合债券在发行到期后出现了一些违约的现象，这为中小企业集合债券未来的发展蒙上了一层阴影。那么，采取什么措施才能使中小企业在内部治理尚不完善、良好的信息传递系统尚未建立、中小银行尚不充足、创业板市场尚不宽松、社会担保和征信体系尚不发达的情况下，拓宽中小企业的融资渠道，增加中小企业的融资机会呢？由于直接融资工具比间接融资工具有较大的优势，因此，借鉴中小企业集合债券的经验，提出了中小企业集合可转债。

4.1 中小企业集合可转债的基本概念

4.1.1 中小企业集合可转债的定义

中小企业集合可转债全称为中小企业集合可转换债券，指按照法定程序发行，通过一个中小企业组织，即多个中小企业构成的集合为发行主体，发行企业各自决定发行额度，分别负债，使用统一的债券名称，统收统付，在约定时间内依据一定的条件可以转换成股票的公司债券。作为债券，它的利率比债券市场利率低，但是转换价格较股票净值要高。如果投资者想转换成股票，则以牺牲一些利息为“代价”，来换取未来一定时间内，按照事先约定的转股价格来转换成股票的“机会”。简单地说，其持有人既可以选择持有债券到期，获取公司还本付息；也可以选择在约定的时间内转换成股票，享受股利分配或资本增值。所以从这个方面来说，可转换债券对投资者而言是保证本金的股票。可转换债券由普通的公司债券与普通股票和买入期权复合而成，是显现的债券、潜在的股票。

4.1.2 中小企业集合可转债构成要素

和一般债券相比，中小企业集合可转债的构成要复杂得多。

除普通债券所需的债券面值、票面利率外，还需要设计基准股票、转换比率与转换价格、转换期间、赎回条款、回售条款、强制性转股条款等款项。这些要素基本上决定了可转换债券的转换条件、市场价格等总体特征。

（1）有效期限和转换期限。中小企业集合可转债有效期限与一般债券相同，指债券从发行日起到本息日结清止的存续期间。转换期限指中小企业集合可转债转换为普通股票的起止日期。转换期限的设定一般分为四种，如图 4 –1 所示。

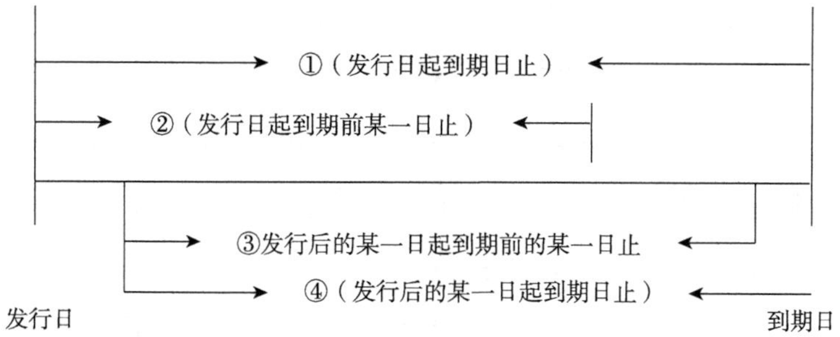

图 4 –1　中小企业集合可转债的转换日期设置

大多数情况下，发行人都设定一个特定的转换期限，在此期限内，中小企业集合可转债按约定转换比例或价格转换成相应的股票。发行人合理确定转换期间对公司控制权、公司的财务强度、后续融资等都会产生重要影响。

（2）债券利率。中小企业集合可转债的票面利率是发行人根据当前市场利率水平、公司债券资信等级和发行条款确定的，一般低于相同条件的不可转换债券（一般普通公司债券）的利率。

（3）转换比例或转换价格。转换比例是指一定面额中小企业集合可转债可转换成普通股票的数目。转换价格是指转换成一股普通股所需支付的价格。转换比率和转换价格是两个有密切关联的重要指标，两者之间存在以下关系：

转换比例＝可转债券面值／转换价格，转换价格＝可转债面值／转换比例

（本书在第八章对这两个概念，通过实证分析进行详细的说明）

（4）赎回条款与回售条款。赎回是指可转债发行一段时间后，可以按照约定提前赎回未到期的可转换债券。赎回条件一般是当公司股价在一段时间内连续高于转换价格达到一定程度时，公司可按照事先约定的赎回价格买回发行在外尚未转股的可转债。其作用在于防止市场利率下降使公司遭受较高利率损失的风险，促使投资者行使转换权；不让投资者过多获得公司高增长所带来的回报，保护原股东的利益。

回售是指公司股价在一段时间内连续低于转换价格达到一定程度时，持有人按事先约定的价格将所持可转债出售给发行人。回售条款的设置，是为了保护投资者，在公司股价表现不佳时进行回售，保护了投资者的利益，转移了投资风险。

（5）转换价格修正条款。转换价格修正是指发行公司在发行可转换债券后，由于公司某些因素发生变化，如尚未送股、配股、增发股票、分立、合并、拆细及其他原因导致发行人股份发生变动，这些因素会导致公司股票名义价格下降，从而对可转换债券的转换价格作出必要调整，以确保转换价格的合理性。从而保证转换的可行性。

（6）强制性转股条款。强制性转股条款是发行人约定在一定条件下，要求投资人必须按照协议的规定将持有的中小企业集合

可转债转换为公司股票的条款。

4.1.3 中小企业集合可转债运营流程

从上面的分析中我们可以看出，中小企业集合可转债有利于降低投资者风险，减少融资者融资成本，并能较大程度解决投资者和融资者之间信息不对称问题，许多学者在这方面做了大量的研究。在1984年，Green提出了可转债的风险转移问题，在1988年，Brennan和Schwartz提出了可转债的风险估计问题，在1992年，Stein认为可转债的发行带来了企业的财务风险和信息不对称，在1998年，Mayers认为可转债的发行会带来管理层过度投资和融资成本问题。很多学者认为小规模、低增长、高风险的中小企业更可能发行可转换债券。

可转换债券具有债权和期权的双重属性混合特征让它相对于普通股票和债券来说拥有很大的优势，可转债会为投资人带来很多好处。首先，选择多样性。对于投资人来说，可转债提供了两种选择的机会，可转债可以作为债券持有，到期收回本金；按照约定条件转成普通股票，享受股票带来的收益。其次，损失的有限性。由于一般可转债的利率低于市场利率，可转换债券未被转成股票而仅作为债券时，市场利率与可转债利率的差额就是可转换债的最大损失。最后，盈利的无限性。可转债按照约定条件转成股票，就可以分享公司的高成长带来的好处，如果公司上市，投资者无论是一直持有股票获得分红派息还是卖出股票，都会带来巨额的投资回报。由于可转债的发行条件较高，甚至高于配股和增发的要求，这些发行的高标准和高要求对于绝大多数中小企业来说很难达到，基于上述考虑，降低发行条件，让可转债能够适合中小企业融资的需要，于是提出了中小企业集合可转债的构想。中小企业集合可转债就是通过联合多家中小企业共同发行可转换债券，降低单个企业发行可转债的条件，让中小企业能够通过发行可转债这一方式进行融资，同时享受可转债存在的优势。希望通过这种融资工具创新能为中小企业在资本市场开辟一条融资渠道，为中小企业的发展提供资金支持，缓解中小企业融资难的状况。其运营流程如图 4－2 所示。

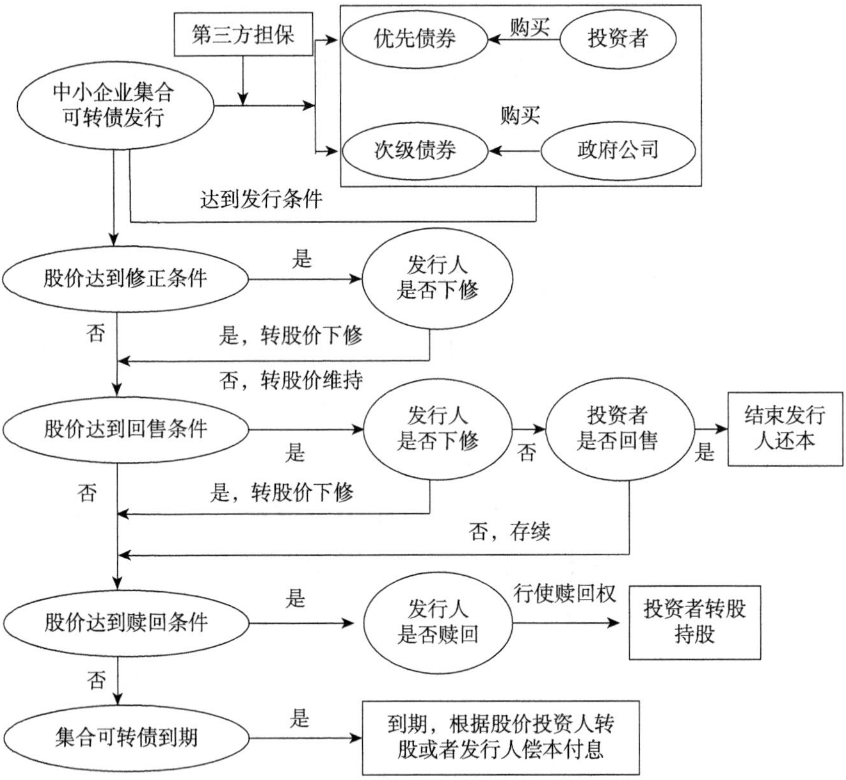

图 4－2　中小企业集合可转债运营流程

4.2 我国可转债的基本状况

可转债作为债券的一种，它不仅具有债券的一切属性，还具有债权和股权双重选择权的特征。从投资者的角度来看，一方面，投资者可自行选择承担转债利率较低的机会成本是否转股；另一方面，发行人拥有是否实施赎回条款的选择权，并为此要支付比作为债券持有的可转债更高的利率。双重选择权是可转换债券最主要的金融特征，它的存在使投资者和发行人的风险、收益都被限定在一定的范围以内，并可以利用这一特点对股票进行套期保值，获得更加确定的收益。和股票的高风险相比，可转换债券更安全，并且还能根据市场的变化及时选择行使转换权享受企业高成长所带来的高回报，这大大增加了对投资者的吸引力。从发行者的角度来看，我国绝大部分中小企业是家族企业和合伙人制的企业，股权结构往往非常简单，其中亲友和合伙人的股权占比很高，在我国的传统文化环境下，中小企业更希望能够获得资金支持而不削弱对企业的控制权，可转换融资方式的优势更能够满足企业的上述需求。

从上述分析可知发行可转债的安全性要比发行股票高很多，对投资者和发行者都有很好的保障，这也极大地增强了对他们的吸引力。为了保证中小企业能够顺利成功融资，所以本书在这里仅对中小企业集合可转换债券做重点分析，通过成功发行中小企业集合可转债为中小企业找到一条缓解中小企业融资难题的渠道。并希望将中小企业集合可转换债券的成功经验推广到另外一种中小企业直接融资工具——中小企业集合股票，进一步拓宽中小企业的融资渠道，满足我国数目庞大的中小企业对资金的需求。

4.2.1 我国可转换债券融资的发展

中国可转债发展相对较短，随着20世纪90年代股票市场的建立，可转债才开始出现。可转债的发展过程主要分为三个阶段，分别经历了1992—2001年的试点、2001—2002年的重新起步和2003年至今的迅速增长三个阶段。我国在1991年发行第一只可转债——琼能源可转债，随后深圳宝安可转债、成都工益可转债、中纺机可转债、深南玻可转债等相继发行。其中琼能源可转债、成都工益可转债成功转换成相应股票，在业界引起强烈反响，具有重大意义。但深圳宝安可转债，由于转换价格不合理等技术缺陷以及公司业绩滑坡等原因转股失败；中纺机可转债则遭受了巨大的外汇损失；深南玻转债也承受了投资者提前回售的结果。

这段时期可转债的发展遭受了严重的挫折，我国可转债的发展几乎停滞不前，然而这些可转债的失败又从不同的角度、以不同的方式为可转债今后的运作积累了经验，为后来的大规模发行奠定了基础。1997年3月25日，国家颁布了《可转换公司债券管理暂行办法》，决定在上市公司和500家重点国有未上市公司中进行40亿元的发行总规模可转债的试点工作。2001年4月26日，又出台了《上市公司发行可转换公司债券实施办法》和三个配套的相关文件，明确规定发行制度改为核准制，可转债迎来了全面发展，成为我国资本市场上的一种常见融资品种。可转债融资在经历了2014年以来的下滑后，在2016年终于迎来拐点，按照各种募资方式占比情况来看，在各种融资方式中占比也越来越高，已经成为我国一种重要的融资方式（见图4－3）。

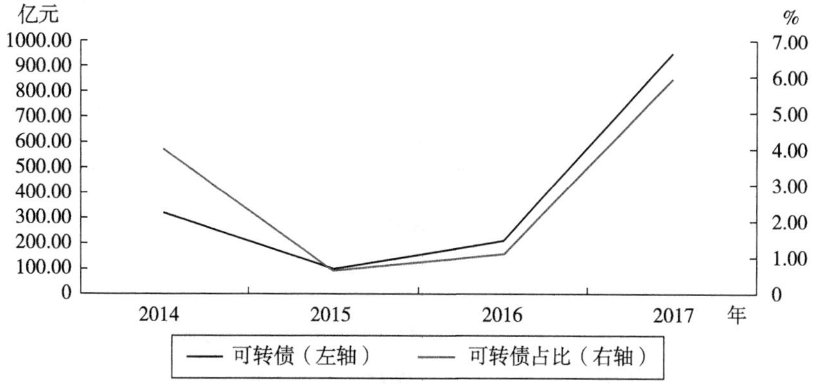

图4－3　2014—2017年中国可转债发行规模

4.2.2　我国可转换债券市场状况

尽管自2001年以来我国可转债市场获得了长足发展，但是相对于我国近年来深沪两市A股的流通市值，可转债每年的融资额还是比较少。从表4－1我们可以看到，可转债的每年融资金额都没有超过1000亿元，和股市相比，可转债的发展还有很大的提升空间。

表4－1　　2008—2017年我国可转债发行情况

年份	发行可转债数目	实际发行金额（亿元）
2008	5	140.6
2009	4	32.4
2010	8	717.3
2011	9	413.2
2012	5	157.05

续表

年份	发行可转债数目	实际发行金额（亿元）
2013	8	554.8
2014	13	320.99
2015	5	108
2016	11	212.56
2017	40	946.21

我国可转债市场发展一直以来尚未形成规模，究其原因，有以下几点。

（1）可转债创新少，很多企业发行的可转债都大同小异，没有针对性，对投资者吸引力大大降低。在国外，如美国，针对投资者的需求进行了大量可转债创新，出现了许多不同品种的可转债，如零息可转换债券（LYONS）、可交换的可转换债券（PEPS）、可交换的强制转换债券（DECS）等创新品种。这些创新满足了投资者的个性需求，受到了投资者的热烈欢迎，进而为美国可转换债券市场发展提供了动力。

（2）发行条件高，限制多。发行可转换公司债券的条件较配股和增发更严，门槛更高，要求：①最近 3 年连续盈利，且最近 3 年净资产利润率平均在 10% 以上；属于能源、原材料、基础设施类的公司可以略低，但是不得低于 7%；②可转换公司债券发行后，资产负债率不高于 70%；③累计债券余额不超过公司净资产额的 40%；④募集资金的投向符合国家产业政策；⑤可转换公司债券的利率不超过银行同期存款的利率水平；⑥可转换公司债券的发行额不少于人民币 1 亿元；⑦国务院证券委员会规定的其他条件。

这些条件和要求虽然在一定程度上减少了融资风险的发生，

但是也大大提高了通过可转换债券融资的难度，影响了可转换债券的进一步发展，不利于企业通过这一融资平台顺利进行融资。

（3）对投资者缺乏吸引力。由于可转债交易只能在股票账户上办理，拒绝了大部分债券投资机构；市场上可转债品种较少，而且缺乏针对投资者需求的个性化设计，对投资者吸引力度不够。此外，可转债条款不合理，大部分倾向于发行者的利益。可转债票面利率普遍较低，比普通债券利率低很多，比如08宝钢债、08葛洲债的基准利率分别为0.8%、0.6%，均低于1%，而同期的公司债基准利率为5.35%。低利率虽然降低了发行企业的融资成本，但是对于投资人却缺乏足够的吸引力；此外，苛刻的回售条件使得投资者一般都只能到期转股，严重损害了投资者的利益，这也影响了这一券种的吸引力。

伴随我国可转债市场的发展，学界加大了对可转债的研究，随着研究的深入，从最初的定性分析为主逐步转为定量分析，对可转债融资功能从融资成本、监管约束条件、控制权收益、信息传递等多方面进行分析，获得了一些有价值的结论。但这些研究基本上都是针对上市公司的可转换债券进行的，很少有将可转换债券与中小企业融资结合起来进行的研究。

4.3 中小企业集合可转债的产生原因分析

4.3.1 中小企业自身的角度

中小企业由于自有资金积累较慢、金额较小，内源融资已经远不能满足企业不断增长的资金需求。外源融资就成了中小企业融资的主要来源。外源融资包括股权融资和债权融资。中小企业通过债权融资可以使企业的控制权流失最小，股权融资导致企业的股权转移，导致管理权分散，不利于企业的自主发展，而且大多数中小企业很难达到上市要求。

4.3.2 银行贷款的角度

在我国，中小企业债权融资的条件相对较低，而且债务利息作为支出可以抵免税款，充分发挥了财务杠杆的作用，减少了企业的融资成本，增加了企业的利润，有力地促进了企业的发展。债权融资包括银行信贷和发行债券。银行信贷容易发生借款者的不道德行为，为了能够顺利从银行获得贷款，借款者通常倾向于披露有利于获得贷款的信息，而隐瞒不利的信息。获得银行信贷后，借款者对于资金的运用往往就会脱离原来申请贷款的目的，这样就会发生借款者的败德行为。对于银行而言，为了规避融资风险，其所要求的利率就比较高。优质低风险项目由于高利率融资成本而退出，劣质高风险项目愿意支付高利率融资成本，当利息率升高到超过借款者承受能力后，导致优质借款者减少或不再借款。所以，在借贷市场上，剩下的就是那些愿意承受高利率从事高风险项目的劣质借款者。商业银行为了规避融资贷款的风险，就很可能不发放贷款或少发放，从而形成了逆向选择，信贷资源就会得不到有效配置。而在银行的抵押贷款中，中小企业缺乏符合银行要求的抵押品，为了能够获得银行信贷，企业以低质量资产或是资产净值低于抵押金额的资产作为抵押，当企业不能按时还款时，抵押物不能完全补偿银行贷款资金，银行不良资产就形成了。借款者从事银行不期望进行的经营投资活动，可能导致还款困难，从而影响到银行的预期收益。

我国目前中小企业融资的主要来源是商业银行信贷，但难度较大，主要原因如下：首先，商业银行自身负债比例较高，中小企业的败德行为而导致银行的逆向选择，对中小企业普遍采取惜贷行为；其次，银行利率市场化加大了金融机构之间的竞争，降低了贷款利率，严重影响了银行的放贷积极性；最后，中小企业融资风险高、金额少、时间短的特点，使银行审核成本相对较高。

4.3.3　普通债券发行的角度

我国债券市场管制较严，对于发行债券的企业设定的条件较高，审批制度较严格，中小企业暂时不能单独发行债券，严格的管制和较高的要求使得中小企业很难通过发行债券的方式在资本市场直接融资。新的债券品种难以产生，债券的低利率也大大降低了投资者的兴趣。目前我国中小企业融资渠道单一，资金缺口较大，因此通过联合十几家中小企业来达到发债要求，以统一主体、统一债券名称、统一组织形式发行债券，为中小企业提供一个新的融资产品就成为市场迫切的需求。中小企业集合可转债的推出为中小企业找到了一条新的融资途径，为广大投资者在债券市场上增加了新的投资品种，并且符合发债条件，因此得到了国家的大力支持。

4.3.4　民间融资的角度

民间融资包括民间借贷和民间集资两个方面。民间借贷属于债权融资，民间集资属于股权融资，但二者不同于银行贷款、发行债券和上市融资等债权或股权融资方式。民间融资具有一定的优化资源配置功能，但目前在中国民间借贷和民间集资不属于正规的融资渠道，游离于现行法律规定之外，不仅不受法律保护，甚至有可能被冠以"非法集资"等名义而受到法律的制裁。这增加了民间融资的不确定性，中小企业进行民间融资不具有相应保障措施。民间融资不符合现行法律规定表明其在一定程度上也脱离了法律的引导和监管，其收益率可能不以法定利率为依据。现实中民间融资的收益率大都处于高利贷水平，大大高于银行贷款利率。中小企业民间融资不确定性很大，成本很高，造成融资效率低下。

通过以上分析，我们可以看出，一方面，我国中小企业资金需求日益迫切；另一方面，中小企业融资渠道狭窄，国家对发行债券的要求较高，审批严格。中小企业集合可转债的出现既是成千上万中小企业的迫切需求，也是广大投资者对投资品种缺乏的资本市场的强烈要求，既为中小企业融资提供了一条全新的融资渠道，又为我国债券市场注入了新鲜活力。中小企业集合可转债的产生，无疑拓宽了中小企业融资路径，能够更好地为中小企业提供融资服务。而中小企业集合可转债产品只有通过不断地完善，使其融资效用提高，才有其更广阔的发展空间。

4.4 中小企业集合可转债意义

4.4.1 降低可转换债券的发行条件

由于可转换债券发行条件相对较高，对于绝大多数中小企业来说根本无法达到其要求的标准，但是通过联合多家中小企业共同发行中小企业集合可转债，可以极大降低单个企业发行可转债的条件，让多数中小企业能够通过发行中小企业集合可转债这一方式进行融资，使中小企业能从资本市场直接筹集充裕的资金，从而促进企业的发展。

4.4.2 节约资金使用成本

对于发行人来说，可转换债券具有融资成本低廉、转股后使用灵活的特点，较低的利率可以最大限度地为企业节约融资成本。在转股前，作为附加了转换期权的债券，其价值中包含了期权的价值，可转债的利率比普通债券利率低很多，同时，发行可转债获得的资金是以负债的形式存在，可以抵免税款，又为企业节约了所得税支出，这些大大减少了企业的成本支出。转股之后，可转债的持有人成为股东，原来的债务资金变成了企业的自有资金，对企业的好处是免除还本负担、免除利息支付。此外，由于转换过程在公司内部完成，解决了再次进行股权融资的费用，节约再次融资费用。虽然转股后，企业要从税后利润中支付股东红利，但股利的支付是一种弹性支出，企业可以根据投资经营的需要，将作为分红分给股东的利润再转化为投资，这等于使企业进行了一次内源融资，会使资金发挥更充分的使用效率。

4.4.3 改善信息不对称现象

信息不对称引起了投资者对企业价值误判，从而引起投资风险，发行可转换债券能降低财务风险与信息不对称问题。中小企业的规模小、经营管理不完善的特点导致信息不对称情况更为严重。可转债拥有的转换期权，往往在发行过后进入转股期，转股期的期限往往长达半年以上，这就留给投资人充分了解企业状况的时间，如果在可转换债初始发行时出现了信息不对称和价格误判，也可以在后来的时间充分了解企业的真实状况而作出正确的判断，进行正确的投资决策。这较好地克服了因信息不对称所引起的价格误判。随着可转债的发展，经过可转债的良好设计能有效避免信息不对称问题，增加了对投资者的保护程度，吸引了投资者，提高了中小企业融资的机会。

4.4.4　控制权保护与约束

企业采取债权融资方式会带来股东和债权人的冲突，企业采取股权融资会带来控股股东和其他投资人的冲突。对于中小企业来说，企业不仅希望能获得融资贷款，更重要的是对企业的控制权的保护。保护控制权，就是保护了现有股东的利益。甚至，为了企业股东的既得利益，他们排斥外部资金的进入，虽然这样会带来企业的生存和发展的危机。

可转债作为延迟发行的股票，在未转股时是作为债券，持有人作为债务人只拥有领取利息的权利，没有参与企业经营决策的权力，因而对企业的控制权不会产生任何影响，保持了企业经营决策的独立性。转股后，持有人就从原来的债务人转变为股东，可以分享企业成长带来回报的同时，也拥有了参与企业经营管理的决策权，使公司决策能力得到加强，也促使公司的运作更为规范化，并使原股东的权力受到一定限制。

4.4.5　保证企业后续融资

企业如果通过普通债权融资，企业应按期还本付息，如果融资不足，只能再次融资。企业不仅要面临还本付息的压力，而且还可能会由于再融资不足，再次付出融资成本。可转债可将债券转换为股票，而债务随之变成了企业的自有资金。由于转换过程在公司内部完成，解决了再次进行股权融资的费用，节约再次融资费用，从而保证了企业后续融资。为了避免转换不能如期、顺利执行，企业可以利用可转债的“强制性转股”条款，促使可转债持有者依约强制转换。

可转债作为一种债权融资，不会影响贷款机构。作为一种直接融资方式，当它发生融资危险时，承担风险的是股东或投资人而不是贷款机构。可转债作为债券时，由于发行者担心未来转股对控制权的威胁，往往会按需融资，避免了普通债券发行人由于过度投资带来的财务危机。而且利率水平较低，减少了企业的融资成本，减轻了企业还本付息的财务压力，因此它对投资人是相对安全的。当它作为股权时，投资人就从债务人变成股东，享有参与企业经营管理的权利，获得企业成长带来的回报，对投资人是有益的。作为一种融资工具，其转股特点强化了对企业的激励约束。投资者的转换选择，本身就是对企业经营的最好评价，这无疑是强化外部监督职能，减轻了监管的压力。

4.5 中小企业集合可转债约束条件分析

中小企业集合可转债的出现，为我们带来了解决中小企业融资困境一个全新的思路——中小企业也可以通过融资工具创新在债券市场上发行债券进行融资。中小企业集合可转债就是为中小企业设计的新型融资模式，为中小企业的快速健康发展提供了强有力的支持。

（1）和间接融资相比，具有审批时间短、融资成本低的特点，它为中小企业提供了一个良好的融资平台。

（2）中小企业集合可转债采取统一产品设计、统一券种冠名、统一信用增级、统一发行注册发行方式，解决了单一企业发债规模小和达不到发债要求的问题。而且统一冠名、统一信用增级提高了投资者对中小企业集合票据的认可度，增强了其流动性。“分别负债、责任独立”的原则解决了中小企业的后顾之忧。

（3）作为中小企业直接债务融资工具创新，为市场提供了一个全新的投资工具，对于完善债券市场的结构具有积极的作用。

（4）为中小金融机构提供了一个很好的投资品种。中小企业集合可转债相对于其他投资产品来说，风险相对较小，而且还具有灵活的转换权，为投资者进一步获取利润提供了可能，不管对于资金实力雄厚的金融机构，还是对于中小金融机构和投资者来说，都是一个很好的投资品种。

作为我国专门为中小企业提供融资服务的融资创新工具，中小企业集合可转债对我国资本市场的意义重大。

4.5.1　构建中小企业集合可转债约束模型

如何让中小企业集合可转债能够发挥最大的效应从而更好地服务中小企业，通过分析中小企业集合可转债的约束条件，从而能够了解中小企业集合可转债存在的价值。因此本书通过将中小企业集合可转债与银行贷款进行对比来分析此问题。

假设1：融资企业和银行双方之间对于投资结果的信息对称，银行和融资企业对投资项目的产出了解程度一样。

假设2：单个中小企业融资者的投资项目缺少资金需要融资，未来项目产生收益 y，如果是银行贷款来进行融资，银行根据中小企业的信用等级和项目未来收益来确定利息 r，记为 $R(y,r)$。因此中小企业的收益为 $y-R(y,r)$。期望效用最大化，$\max EU_B[y-R(y,r)]$，其中，EU_B 为融资者的期望效用，该效用函数是二次连续可微的、凹性的且严格递增。

假设3：如果 n 个中小企业联合发行可转债融资，同时假设其他中小企业未来产的收益也为 y，银行利息 r，记为 $R(ny,r)$。因此单个中小企业的收益为：$y-R(ny,r)/n$。期望效用最大化，$\max EU_B[y-R(ny,r)/n]$，其中，EU_B 为融资者的期望效用，该效用函数是二次连续可微的、凹性的且严格递增。

中小企业通过对各个融资工具的融资边际效用比较来选择融资工具。如果选择中小企业集合可转债，则 $U'_B(y-R(ny,r)/n) \geqslant U'_B(y-R(y,r))$

首先移项，再对式中的 y 求微分，得到：

$$\frac{U''_B(y-R(ny,r))}{U'_B(y-R(ny,r))}(1-R'(ny,r))$$

$$-\frac{U''_B(y-R(y,r))}{U'_B(y-R(y,r))}(1-R'(y,r))\geqslant 0 \qquad (4-1)$$

引入 Arrow - Pratt 绝对风险厌恶系数即：

$$A_1=-\frac{U''_B(y-R(ny,r))}{U'_B(y-R(ny,r))} \quad A_2=-\frac{U''_B(y-R(y,r))}{U'_B(y-R(y,r))} \qquad (4-2)$$

其中，A_1 表示中小企业对中小企业集合可转债融资的风险厌恶程度，A_2 表示对银行贷款融资的风险厌恶程度。将式（4 -2）代入式（4 -1）得出：

$$\frac{A_2(1-R'(y,r))}{A_1(1-R'(ny,r))}\geqslant 1 \qquad (4-3)$$

$R'(y,r)$ 表示银行信贷融资时收益函数 $R(y,r)$ 对现金流 y 的敏感程度；$R'(ny,r)$ 表示中小企业集合可转债融资时收益函数 $R(ny,r)$ 对现金流 y 的敏感程度。从式（4 -3）中可以看出 A_2 越大，A_1 越小，$R'(y,r)$ 越小，$R'(ny,r)$ 越大，则 $\frac{A_2(1-R'(y,r))}{A_1(1-R'(ny,r))}$ 越大，这样才能满足式（4 -3）中的条件。

4.5.2 中小企业集合可转债约束模型的经济解释与分析

中小企业集合可转债是在现有的融资方式所要求的条件单个企业达不到的情况下，通过捆绑式融资方式来融资。这种融资方式极大地满足了中小企业的需求，首先解决了单一企业因规模较小不能独立发债的矛盾，降低了融资门槛。其次，对单一企业的要求较低，通过集合发债有利于提升单一企业的信用等级，降低融资成本。最后，中小企业能在债券市场融资，可极大提升企业知名度，树立良好的信用形象，为企业的后续融资奠定基础，对于中小企业来说有着非常重要的作用。

通过建立银行贷款融资效用和中小企业集合可转债融资效用模型进行比较分析，发现中小企业只有在中小企业集合可转债融资效用最大化的时候才会采用中小企业集合可转债来融资。对中小企业集合可转债效用和银行贷款效用比较分析，当中小企业对银行信贷融资的风险厌恶程度较大时，而银行信贷融资的收益对现金流的敏感程度较小，同时中小企业对中小企业集合可转债的风险厌恶程度较小，并且中小企业集合可转债收益对现金流的敏感程度较大，则中小企业集合可转债的融资效用将大于银行信贷融资效用。中小企业采用银行信贷融资时，中小企业面临由于银行的逆向选择使得融资成本较高、需要抵押品，不能按时还款被迫破产等风险。如果这些风险越严重，则中小企业对银行信贷融资的风险厌恶程度将越大。

由于我国银行和中小企业之间存在严重的信息不对称，银行对中小企业普遍“惜贷”，这使得中小企业通过银行信贷融资的成本较高，条件较为严格，尤其是在经济增长乏力的环境下，中小企业很难从银行获得融资贷款，这使得我国中小企业对银行贷款的融资效用较低。和股票融资相比，中小企业集合可转债由于其发行要求低、市场风险小，而且融资成本低于银行信贷，同时受到国家政策扶持，风险较低，这为广大中小企业成功解决融资难题开辟了一条新的融资渠道。而在我国，银行贷款融资效用相对较低，中小企业集合可转债的出现，无疑为中小企业融资另辟蹊径，而中小企业集合可转债只有通过不断完善，提高其融资效用，才会有更广阔的发展空间。

4.6 中小企业集合可转债主要关系方分析

发行中小企业集合可转债对中小企业有着十分重要的作用。首先，这种中小企业直接融资工具降低了发行条件，从单个中小企业发行可转债的较为困难转变为联合多家中小企业发行可转债或股票相对较为容易。其次，拓宽了中小企业的融资渠道，为中小企业开辟了新的融资途径，极大地缓解了中小企业融资难的状况，促进了中小企业的健康发展。最后，有利于企业的后续融资，改善了企业的资金环境。一旦企业成功发行集合可转债，能扩大企业的知名度，有利于中小企业后续融资，而且获得的资金极大地改善了企业的资金环境，企业也有了充裕的资金用于企业的生产、投资和发展，为企业的迅速成长打下了坚实的基础。

现阶段，受政府、市场、中小企业自身、发行中介机构等诸多因素的限制，单个中小企业还无法直接发行可转债，要使中小企业能够顺利利用这个融资工具，本书在这里结合以前的研究，将从政府、信用评级机构、发行企业、担保机构和投资机构五个方面展开详细分析。

4.6.1 政府

（1）政策支持

为了经济发展的需要，促进可转债能够更好地为我国企业服务，自 1997 年以来，多份关于可转债发行与交易的相关法规相继颁布，如1997年的《可转换公司债券管理暂行办法》的出台，确定在已上市和未上市的重点国有企业中试发行可转换债券。而2001年制定的《上市公司发行可转换公司债券实施办法》，是针对资产规模均在5000万元以上的上市公司，可见，这些法规针对的企业要么是已上市公司，要么是国有企业。对于中小企业来说，其很难达到要求的标准，即使达到了要求的标准，也很难获得审批发行。

对于这样的情况，本书提出了中小企业集合可转债和中小企业集合股票两种针对中小企业的融资工具创新。国家应该出台相关的法律法规为其顺利发行提供法律支持，并可以借鉴国外的先进经验，依中小企业不同类型设计不同发行条件。将现有的中小企业分类，首先对成长性好、内部治理结构完善、产品有竞争力的中小企业确定发行条件，先试点获取相关经验，然后逐步扩大发行范围，积极利用现有的资本市场资源和金融系统，创造为中小企业集合可转换债和中小企业集合股票良好的发行环境。

（2）建立完善的中小企业信用体系

中小企业一个重要的特点就是信息不透明，这就导致了中小企业集合可转债的供需双方信息不对称。一般来说，完善的中小企业信用体系能够反映中小企业真实状况。对投资者来说，可以获得对于中小企业的客观评估，有利于投资者作出正确的投资决策，提高了投资的安全性和收益性；对于中小企业来说，有利于增加对投资者的吸引力，降低了筹资费用，有利于中小企业集合可转债的发行。通过建立完善的中小企业信用体系，大大降低了中小企业与投资者之间的信息不对称，不仅使投资者由于发生误判出现投资决策失误的现象大大减少，而且极大增强了对投资者的吸引力，为中小企业集合可转债和中小企业集合股票的成功发行奠定了基础，从而在较大程度上降低了中小企业的发行成本，为中小企业的发展提供了强有力的支持。

（3）建立风险监管体系

为保证资本市场的茁壮成长，还应建立相应的监管体系。要对这些新的融资工具的融资功能以及带来的融资风险进行了解。发行人可以借助中介机构协助设计、发行，设计更科学化、合理化的条款帮助中小企业灵活应对融资风险从而能够顺利筹集资金，支持中小企业的健康发展。监管者应该建立起对中小企业集合可转换债和中小企业集合股票的发行核准、事后监督机制，从而保证投融资双方利益得到保障，需求得到合理满足，资本市场得到健康有序发展。

4.6.2 信用评级机构

信用评级机构对于中小企业集合可转债的信用评级不仅要对发行集合可转债的中小企业从经营风险和财务风险进行分析研究，而且还要考虑到中小企业的增信条款和自身特殊的转（换）股期权属性以及相应的回售条款。

（1）经营风险和财务风险

经营风险从经营环境、企业竞争力、公司治理等多个方面进行定性分析，财务风险则是从财务指标进行定量分析。通过分析发行企业的经营风险和财务风险从而对中小企业集合可转债进行客观、正确的信用评级，保证中小企业集合可转债的顺利发行。

（2）增信条款和自身特殊的转（换）股期权属性

可转债和可交换债的债项评级要考虑一般的增信条款和自身特殊的转（换）股期权属性。除了一般的增信条款，可转债和可交换债自身的转（换）股期权属性也被视为具有增信作用。理论上发行人为实现转（换）股努力改善经营状况，有利于提升债券偿还保障，从而使整体的信用水平得到一定的提升。但由于发行主体信用风险与股权价值存在高度相关性，主体债券出现较高风险时，股权失去了转换价值。

（3）回售条款

可转债回售条款对公司未来现金流量会产生重要的影响，信用评级机构通过对有条件回售、无条件回售、回售准备率、回售保障系数等回售条款的分析，来判断中小企业集合可转债的信用风险的大小，从而对中小企业集合可转债进行恰当的评级来帮助中小企业进行融资。

信用评级机构的专业水平对中小企业集合可转债能否成功发行具有较大的影响。因此需要培育建设出更多具有较强实力、较高专业水平的信用评级机构，设计出好的信用评级方法来客观、公正地对中小企业集合可转债进行信用评级，才能增强中小企业集合可转债对投资者的吸引力，才能有效降低中小企业的融资成本，吸引更多的投资者来投资中小企业集合可转债。

4.6.3　发行企业

（1）建立有效的中小企业集合

中小企业集合可转债的发行主体不是一家企业而是多家中

小企业联合起来集体发行，因此如何选择中小企业，确定多少中小企业组成中小企业集合能使中小企业集合可转债的融资风险最小，融资效率最高，这是中小企业集合可转债发行成功的关键。

（2）对中小企业集合可转债进行合理定价

中小企业集合可转债的定价是否合理，将会决定能否有足够多的投资者，从而影响到能否通过中小企业集合可转债为中小企业募集到充裕的资金来促进中小企业的健康发展。我们对中小企业集合可转债定价时，需要结合中小企业集合可转债的特性和我国资本市场的特殊性，为中小企业集合可转债进行合理定价，不仅使得发行企业融资成本合理，而且也能够使投资者获取合理的回报，从而保证中小企业集合可转债能够顺利发行，使中小企业成功融资。

4.6.4 担保机构

担保机构的担保费率和担保方式等担保条款的设计对于中小企业集合可转债能否成功发行具有较大的影响。因此较高专业水平的担保机构，设计出满足中小企业集合可转债发行需要的担保费率和担保方式，这样不仅降低了中小企业的融资成本，而且降低了中小企业集合可转债的融资风险，大大增强了中小企业集合可转债对投资者的吸引力，帮助了更多的优质中小企业通过中小企业集合可转债在资本市场上募集充裕的资金，促进中小企业健康快速的发展。

4.6.5　投资机构

中小企业集合可转债根据规定可以采用三种方式进行销售：

（1）向上市公司股东配售。作为公司股东可以优先认购，这是股东享有权利中的一种，可以选择行使或不行使，也可以（私下）让渡。

（2）网下发行、网上发行。如果公司股东对发行的中小企业集合可转债不认可，尤其是大股东不去认购，那对于中小企业集合可转债的发行就会造成困难，为了保证债券的顺利发行，对于网下有相应投资资格的机构进行配售，在网上对投资者进行发售。

（3）券商包销。由于中小企业集合可转债可能存在发行失败的风险，券商在承揽发行项目时会承诺包销。

从上面的分析可知，中小企业集合可转债的投资者是原股东、广大投资者和券商。为了保证中小企业集合可转债的成功发行，一是降低中小企业集合可转债的融资风险，二是对中小企业集合可转债进行合理定价，从而增大对广大投资者的吸引力并且能够让投资者得到合理回报。这样才能保证中小企业集合可转债能够成功融资，保证中小企业的资金需求。

4.7　中小企业集合可转债增信模式改进

现行债券增级的模式主要依赖外部增信方法，并且相应的内部增信方法较少。这种信用增级模式不利于促进我国中小企业集合可转债融资方式的发展，因此，有必要对现行信用增级模式进行改进以适应中小企业集合可转债的发展。

4.7.1 改善中小企业自身资信状况

由于中小企业具有生产经营风险高、规模较小、缺乏相应的抵押品和财务信息不透明等特征，导致投资者对中小企业集合可转债信心不足，中小企业集合可转债对投资者缺乏足够的吸引力。因此，中小企业集合可转债信用增级应该从根源上解决中小企业自身信用等级低的问题。

首先，中小企业的相关信息应该及时公开披露。这样有利于投资者和担保机构了解企业的真实状况，为他们进行投资和担保决策提供重要的参考依据。但是，现在中小企业信息披露制度还不够完善，投资者和担保机构很难获得中小企业的财务、信用风险等各方面的信息，严重影响了投资者和担保机构对中小企业集合可转债的积极性。因此，为保证中小企业信息披露的时效性、准确性和完整性，应重视加强中小企业信息披露制度的建设，定期向所有投资者和担保机构披露信息，使投资者更好地掌握发债企业和担保机构的风险状况。

其次，提高中小企业的自身资信能力。中小企业应该积极学习先进技术和管理经验，提高企业的生产管理水平，提高资金的利用效率，并且促进其技术合作，进行产品的技术创新，降低产品的生产成本，提高产品的竞争力，增加企业的盈利，增强中小企业自身的资信能力，从而可以降低整个中小企业集合的融资风险，提升其融资效率。

最后，建立动态的中小企业集合管理体系。通过公开及时的信息披露和政府的监督指导，有效控制发债企业的信用风险，将经营状况不佳、违约风险高、短期内无法作出调整的中小企业剔除，并适时引入新的低风险中小企业。采用动态中小企业集合管理体系有利于及时化解潜在违约风险，提高了中小企业集合可转债的信用级别，增强了对投资者的吸引力，也保证了投资者的合法利益。

4.7.2　对内部增信方法创新

中小企业由于风险高、资信低，大多数中小企业债券达不到投资债券的标准，如果只是靠自身信用发行债券，成功的概率较小。为了能够增强对广大投资者的吸引力，还可以尝试将现金储备账户、超额抵押、担保投资基金和直接追索权等内部信用增级方法运用到中小企业集合可转债的发行过程中，增强中小企业的信用等级，以满足不同发债主体的需求，保证中小企业集合可转债的发行成功。

4.7.3　借鉴 P – CBO 的分层设计分担发债风险

首先对中小企业集合可转债的各个中小企业进行信用评级，按照信用评级的高低将其标的资产重新组合，分为优先级、中级和次级债券组合。再根据投资者的需求和集合债券资产池的特征设计分级债券的发行利率。优先级债券面向广大投资者发行，而中级债券由中小企业或第三方中介机构，如信托公司持有，次级债券由政府出资成立的中小企业金融公司持有。优先级债券优先于中级和次级债券获得本息偿付，其次是中级债券，最后为次级债券。因此，债券的违约损失首先由中级和次级债券投资者承担，提高了优先级债券的信用等级。

4.7.4 设置偿债基金账户

为了减少因为经济波动或一些突发情况而导致中小企业违约，为了抵减因费用增加或贷款利息回收减少对中小企业资金流动性造成的不良影响，政府层面应该出面设立中小企业偿债基金账户，分别为优先级、中级和次级债券设置流动性准备金和偿债风险准备金等偿债基金账户。在此基础上，提取按优先级、中级和次级债券的票面利率计算的应付利息总额的一定比例作为流动性准备金。另外，将偿债基金账户偿债的顺序设置优先级债券为最高，其次是中级债券，最后为次级债券。显而易见，偿债基金账户的设置有利于中小企业集合可转债信用等级的进一步提高。

4.7.5 完善中小企业信用担保体系，构建多层次第三方担保结构

由于我国中小企业信用担保体系的建设还不完善，大部分信用担保机构规模小、经营不善、管理欠缺，不能满足中小企业快速增长的信用担保需求，因此要大力加快我国中小企业信用担保体系建设。建立起完善的中小企业信用担保体系，为真正有需求的中小企业创造融资条件，为中小企业集合可转债的发展提供更

多的信用增级服务。只有建立完善的中小企业信用担保体系，才能减少中小企业的融资风险，帮助中小企业顺利融资。

4.8　本章小结

本章首先对中小企业集合可转债的基本概念进行定义，然后分别从中小企业集合可转债产生的原因和意义进行分析，并对中小企业集合可转债的约束条件，通过建立数学模型进行分析，其次进一步从中小企业集合可转债券的主要关系方分析，并提出了相应的意见，最后针对中小企业的增信方法提出了相应的改进建议，为下面章节的分析研究奠定基础，希望能够为我国中小企业直接融资工具的创新起到借鉴作用。

第五章　中小企业集合可转债融资效率分析

中小企业是社会经济发展中不可或缺的组成部分，但是中小企业在发展的过程中经常会遇到融资难的问题，选择合适的融资方式对中小企业的发展至关重要。融资效率是中小企业选择融资工具的重要依据。中小企业的融资效率主要体现在筹资效率和资金的使用效率两个方面。筹资效率，指的是企业以最低的成本筹集所需资金，以及最短时间筹集所需全部资金的能力。资金使用率，指的是企业能否有效利用所筹集的资金。资金使用率的高低直接决定了企业融资成本和筹资效率的高低。如果企业的投资收益低于融资成本，即使融资成本再低，筹资效率也是低下的。为了更进一步解决中小企业融资难题，本章将从融资效率的角度分析我国中小企业现有的主要融资工具融资效率的高低，为中小企业选择合适的融资方式，从哪些方面对中小企业融资工具进行创新，拓宽中小企业融资路径，提供理论依据，从而更好地促进中小企业的健康发展。

5.1　可转债与融资效率分析

5.1.1　中小企业融资效率理论的相关研究

1993 年，曾康霖最早提出了融资效率的概念，他认为对于融资方式的选择主要由融资效率决定，并分析了影响融资效率的因素。2000 年，刘海虹进一步深化融资效率的内涵：企业融资实质上是市场按照资金的供求规律对资金优化配置，企业融资效率就是企业融资能力大小。2004 年，马亚军拓展了融资效率概念：企业的融资效率包括企业的筹资效率和企业的使用效率两方面。

中小企业是国家经济发展体系中的重要力量，对推动国民经济的健康发展发挥了重要作用，而中小企业资金少、信用低、融资渠道有限，融资能力弱，选择合适的融资路径对中小企业的生存发展非常重要，而融资效率的高低是判断选择融资方式的主要依据，因而研究中小企业融资效率问题具有非常重要的现实意义。关于中小企业融资效率的研究较多，可以归纳为以下三类：第一类，通过比较分析，推理出对中小企业融资效率影响较大的指标。2006 年，伍装采用多种方法进行比较分析，得出了对中小企业融资效率影响最大的因素是实收资本的结论。第二类，分析中小企业融资效率的影响因素。2001 年，魏开文运用中小企业融资效率的五个影响因素对中小企业融资效率进行评价。第三类，利用融资效率理论来分析中小企业的融资方式。2005 年，方芳分析了中小企业各种融资方式的融资效率，并对不同融资方式的融资效率进行了比较分析。

5.1.2　中小企业集合可转债融资效率的影响因子

对中小企业融资工具的融资效率进行分析，必然涉及融资工具影响因子分析，本书选取五个典型影响中小企业融资工具融资效率的因子，包括融资成本、资金利用率、融资机制规范度、融资主体自由度、清偿能力。

（1）融资成本

融资成本的实质是资金使用者对资金所有者的补偿。融资工具不同，融资成本也相差较大。融资成本与融资效率成反比，融资成本低则融资效率高。

内部集资是企业自我积累的资金或留存利润，不会因为借入外部资金而支付相应的资金成本，没有任何交易费用。但是，内部集资存在其他成本（如机会成本，即企业将自有资金或留存利润用于企业自身的经营活动而放弃进入资本市场可能带来的收益），相对其他融资方式来说，内部集资的融资成本最低。中小企业集合股票融资的融资成本在五种融资方式中是最高的，申请发行股票的公司必须聘请专业的法律和会计机构进行各项工作，相关费用比较高。银行信贷即中小企业通过支出利息向银行贷款，到期偿还本金。征税时利息作为支出予以扣除，因此可以获得利息的免税效应。同时，银行借款利率水平比中小企业集合可转债利率低，因此，中小企业集合可转债融资的融资成本高于银行信贷。民间借贷的融资成本远高于银行利率和中小企业集合可转债利率。一些中小企业在银行信贷困难的情况下往往选择民间融资。民间借贷的成本比中小企业集合可转债融资和银行信贷都要高。

（2）资金利用率

资金利用率主要体现在资金的到位率和资金的投向两个方面。资金的到位率方面，内源融资由于是自有资金和留存利润，因此其资金到位率是最高的。民间借贷协议一旦达成资金也非常迅速地到位，到位率仅次于内部集资。中小企业集合可转债融资的到位率没有内部集资和民间借贷的那么高，与中小企业集合股票融资的到位率相当，都存在股本募集不足和债券认购不足或贷款资金不到位的风险。资金的投向方面，内部集资一般是中小企业的主要资金来源，其利用率很高。内部集资的资金投向一般是经过慎重考虑的，大多比较合理。银行借贷一般比较注重资金的投向及使用效率，通常审查严格，条件较多。而很多中小企业通过股票融资，在上市后资金管理不合理，资金长期留存在银行，沉淀严重，资金使用率不高，所以中小企业集合股票融资的资金利用率也不高。

（3）融资机制规范度

融资机制规范度体现了资金市场的成熟度。由于在资本市场融资有相应的标准和条件，因此中小企业内部集资的规范度不及中小企业集合可转债和中小企业集合股票的规范度。我国的资本市场，债券市场不够发达完善，还很难满足中小企业对资金的需求，因此中小企业集合可转债融资的规范度还不高。在股票融资方面，现在已经启动中小企业板块、创业板块、新三板市场板块，由于要求相对较高仍然难以满足中小企业的融资需求，因此中小企业集合股票融资的融资机制规范度也不高。民间借贷具有一定的地域局限性，而且多数民间借贷本身就有规模小、管理差的特点，因此其融资机制规范度比较低。

（4）融资主体的自由度

融资主体的自由度是指融资主体受外界制约的程度，与企业融资效率成正比。内部集资由于完全没有改变原有企业的控制方式和经营管理模式，和其他融资方式相比，受到约束的程度最小。民间借贷的资金借出者是为了赚取高额利息收入，而不是为了控制企业，因而企业的自由度较高。债券融资的债券投资者是为了获得投资获益，对企业的经营管理不会干涉，所以采用中小企业集合可转债融资，企业的自由度也较高。采用中小企业集合股票融资时，当股权极为分散时，股票的融资主体对企业的控制权结构与管理几乎没有影响，融资主体自由度较高。但当股权比较集中时，控制权结构就会发生转移，就会对企业产生较大的影响，企业自由度较低。

（5）清偿能力

企业的清偿能力与融资效率成正比。内部集资利用的是企业的自有资金和留存收益，因此不需要偿还及其产生财务风险，对融资效率隶属度的影响最高。中小企业集合股票融资与内源融资一样，不需要偿还本金，因此也不需要承担偿债的风险。中小企业集合可转债融资作为债券持有时需要在债务到期时还本付息，可能带来各种不利风险，都将会导致融资效率降低，尤其是中小企业，其规模小、资信差，借款拖欠、资金不到位的现象经常发生，导致融资效率低下。但是当中小企业集合可转债行使转换权成为股票时，不需要偿还本金，没有风险。民间借贷虽然机制规范度不高，但是民间融资的手续简单、借款灵活以及交易双方信息对称程度比较高的特点，使得民间借贷的偿债风险反而比债务融资的小。

5.1.3 融资效率评价方法的选择

中小企业的融资效率，就是在一定的经济环境和行业背景下，企业筹集资金并使用资金的能力。中小企业在不同的经济环境和行业背景下所取得的利润率相差很大，因此在对中小企业的融资效率进行评价时，首先应该界定中小企业所在的经济环境和行业背景，其次应该界定中小企业融资效率的内涵，中小企业融资效率包含了资金的筹集能力和资金的使用能力两方面的内容。资金的筹集能力指企业能够在风险一定的情况下，以足够低的融资成本筹集资金的能力。不同行业的中小企业由于行业特点和自身特点的差异性，对于融资模式的选取往往也是不同的。资金的使用能力是指企业能够将筹集的资金进行合理投资获得最大回报的能力。实际上，融资的过程是一个投入产出的过程，就是在一定的经济环境和行业背景下，以尽可能低的资金成本获得最大的资本回报。根据以上分析，本书关于中小企业融资效率的分析框架可以用图 5 -1 表示。

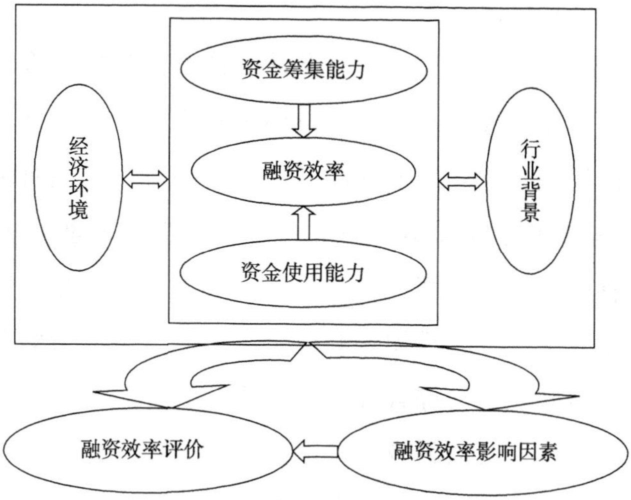

图 5 -1　中小企业融资效率分析框架

对于融资效率综合评价的方法很多，应用也较为广泛。最初，企业融资效率采用一些财务指标或对这些指标进行加权平均来评估。由于财务指标的选择没有统一标准，随意的选择往往导致不同的分析结果，无法判断结果的正确性。而且，财务指标无法综合考虑企业在融资方面的表现，这些方法都不能客观公正地对中小企业融资效率进行评价。

现今中小企业融资效率评价的方法，主要包括模糊综合评价法、层次分析法、数据包络分析法等。没有一种方法能够适合各种情况、解决所有问题，每一种方法都有其侧重点和主要应用领域。如果要解决新的领域内产生的新问题，模糊综合法显然更为合适。2003 年，陈晓红认为“效率以及效率的评价指标，都具有不确定的特性，即模糊性。其结论是定性的，即使通过一定的定量方法，例如估计、预测等，得到了定量的结果，也还是带有主观的因素。客观上，我们对中小企业融资效率的研究只能应用模糊数学的方法进行研究”。

中小企业由于评价因素的复杂性、评价对象的层次性、评价标准中存在的模糊性以及评价影响因素的模糊性或不确定性、定性指标难以定量化等一系列问题，使得人们难以用绝对精确的语言来准确地描述客观现实，经常存在着“似是而非”的模糊现象，而这种模糊性很难用经典数学模型加以统一量度。因此，建立在模糊集合基础上的模糊综合评判方法，从多个指标对被评价事物隶属等级状况进行综合性评判，它把被评判事物的变化区间作出划分，一方面可以顾及对象的层次性，使得评价标准、影响因素的模糊性得以体现；另一方面在评价中又可以充分发挥人的经验，使评价结果更客观，符合实际情况。

但是，模糊综合评价法人为主观的分析相对较多。此外，模糊综合评价法仅从被决策单元自身的角度进行评价，忽略了各评价单元之间的相关性。如果充分考虑同类单元间的相关性，可以根据同类单元提供的信息发现被评价单元的弱点，提出较差单元进一步改进的策略和办法。DEA 方法则弥补了上述缺陷，DEA 评价单元的有效性是相对于其他所有决策单元而言，而且它把决策单元中“输入”和“输出”的权重作为变量，通过对决策单元的实际原始数据进行计算而确定，排除了人为因素，具有很强的客观性。该方法中各个评价对象的相对有效性是在对大量实际原始数据进行定量分析的基础上得来的，从而避免了人为主观确定权重的缺点。基于以上分析，本书将模糊综合评价法和 DEA 法进行集成，在模糊综合评价过程基础上，引入 DEA 理论，构造 DEA 的“输入”和“输出”指标，构建了模糊 DEA 法（F—D 法）。在模糊的环境下，尽可能考虑各种因素的影响，对融资效率作出全面、本质的综合评价，以保证评价结果的科学性和可靠性。

5.2　模糊 DEA 法（F—D 法）的构建

5.2.1　模糊综合评价法

（1）建立影响融资的各种因素集合：$U = \{U_1, U_2, U_3, \cdots, U_n\}$，其中 U_i 代表第 i 个影响因素。n 为因素的个数，这些因素通常带有不同程度的模糊性。中小企业融资效率模糊评价的因素集：U_1——融资成本；U_2——资金利用率；U_3——融资机制规范度；U_4——融资主体自由度；U_5——清偿能力。

（2）建立权重集 $W = \{W_1, W_2, W_3, \cdots, W_n\}$，对各个因素 U_i 分配一个相应的权重 $W_i(i = 1,2,\cdots,n)$，要求 W_i 满足：$\sum_{i=1}^{n} W_i = 1$，$W_i \geqslant 0$，

$W=\{W_1,W_2,W_3,\cdots,W_n\}$，层次分析法、熵值法和其他确定权重的方法相比具有较多的优势，但是层次分析法的判断矩阵主要靠专家的主观打分得来，专家的经验丰富程度对指标权重影响很大。熵值法是根据客观数据进行计算而得到权重，但是反映的是指标间竞争的激烈程度，并没有反映其重要程度，所以本研究结合两种方法的优点，运用两种方法来综合确定权重 W_i。层次分析法：根据建好的层次结构模型，参照相对重要性的比例标度，凭借专家的评判及统计数据，在各层元素中进行比较，构造出判断矩阵 O。计算判断矩阵每一行元素的乘积 m_i，$m_i=\prod_{j=1}^{n}a_{ij}$，$i=1$，2，…，$n$。再计算 $\overline{a_i}=\sqrt[n]{m_i}$，然后计算 $a_i=\overline{a_i}/\sum_{i=1}^{n}\overline{a_i}$，得到权重矩阵 $A=(a_i)$。熵值法：根据专家对评价指标的评判即评价对象因素集隶属于评价等级集的隶属度，构成判断矩阵 $R=(R_{ij})_{n\times m}$，隶属度 $R_{ij}(j=1,2,\cdots,m)$ 可以看作是第 i 个评价因素在系统不同状态下发生的概率 $P_{ij}(j=1,2,\cdots,m)$，$P_{ij}=R_{ij}=d_{ij}/\sum d_{ij}$，满足 $P_{ij}\geqslant 0$，$\sum_{j=1}^{m}P_{ij}=1$。首先对第 i 个评价指标的熵 h_i 定义为：$h_i=-k\sum_{j=1}^{m}P_{ij}\ln P_{ij}$，$i=1,2,\cdots,n$。$P_{ij}=0$ 时，令 $P_{ij}\ln P_{ij}=0$，选择 $k=1/\ln m$ 对熵 h_i 进行标准化处理，则 $h_i=-1/\ln m\sum_{j=1}^{m}P_{ij}\ln P_{ij}$。其次对第 i 个评价指标的熵权 b_i 定义为：取 $g_i=1-h_i$ 时，$b_i=g_i/\sum_{k=1}^{n}g_k$，则得到权重矩阵 $B=(b_i)$，其中 $0\leqslant b_i\leqslant 1$，$\sum_{i=1}^{n}b_i=1$。取两者的平均值作为指标的综合权重：$W=\frac{1}{2}\{A+B\}=\frac{1}{2}\{a_1+b_1,a_2+$

$b_2,\cdots,a_n+b_n\}$。

（3）建立备择集合：$V=\{V_1,V_2,V_3,\cdots,V_n\}$是评价集合，为了使对融资效率的评价简洁、直观，在此我们只选取两个评价结果建立备择集：$V=$｛高，低｝。

（4）建立单因素模糊评价矩阵$R=(R_{ij})_{n\times m}$，评价对象按因素U中的第i个因素U_i进行评价，对评价集V中第j个元素V_j的隶属度为R_{ij}，则对U_i的评价结果可用模糊集合表示为$R_i=(R_{ij}/U_i, V_1)+R_{i2}/(U_i,V_2)+\cdots+R_{in}/(U_i,V_n)$，$R$称为单因素评价集，可简化为：$R_{ij}=(R_{i1},R_{i2},\cdots,R_{in})$，$\sum_{j=1}^{m}R_{ij}=1$，$R_{ij}=d_{ij}/\sum d_{ij}$，其中$d_{ij}$表示将第$i$个评价指标评定为第$j$级评价等级的人数。对所有因素都进行分别评价后，即可得矩阵R：

$$R=\begin{pmatrix}R_1\\R_2\\R_3\\\vdots\\R_m\end{pmatrix}=\begin{pmatrix}R_{11}&R_{12}&\cdots&R_{1n}\\R_{21}&R_{22}&\cdots&R_{2n}\\R_{31}&R_{32}&\cdots&R_{3n}\\\vdots&&\cdots&\vdots\\R_{m1}&R_{m2}&\cdots&R_{mn}\end{pmatrix}$$

（5）进行模糊变换得到模糊综合评价模型：$B=W\times R$，对计算得到的结果进行结果评判。

$$B=\{W_1,W_2,W_3,\cdots,W_n\}\times\begin{pmatrix}R_{11}&R_{12}&\cdots&R_{1n}\\R_{21}&R_{22}&\cdots&R_{2n}\\R_{31}&R_{32}&\cdots&R_{3n}\\\vdots&&\cdots&\vdots\\R_{m1}&R_{m2}&\cdots&R_{mn}\end{pmatrix}$$

5.2.2 DEA 法

（1）构建 DEA 输入输出图

DMU 代表 n 个决策单元 $(j = 1,2,\cdots,n)$，

每个决策单元有相同的 m 项投入（输入）$(i = 1,2,\cdots,m)$，

每个决策单元有相同的 s 项产出（输出）$(r = 1,2,\cdots,s)$，

x_{ij} 为第 j 个 DMU 对第 i 种类型输入的投入量，

y_{rj} 为第 j 个 DMU 对第 r 种类型输出的产出量。

		DMU_1	DMU_2	…	DMU_n
Input	q_1	X_{11}	X_{12}	…	X_{1n}
	q_2	X_{21}	X_{22}	…	X_{2n}
	…	….	…	…	…
	q_m	X_{m1}	X_{m2}	…	X_{mn}
output	p_1	y_{11}	y_{12}	…	y_{1n}
	p_2	y_{21}	y_{22}	…	y_{2n}
	…	…	…	…	…
	p_s	y_{s1}	y_{s2}	…	y_{sn}

图 5-2　DEA 的输入输出

决策单元—— DMU_i；

输入指标—— $X_j = (X_{1j},X_{2j},\cdots,X_{mj})^{\mathrm{T}},j = 1,2,\cdots,n$；

输出指标—— $y_j = (y_{1j},y_{2j},\cdots,y_{sj})^{\mathrm{T}},j = 1,2,\cdots,n$；

权重—— $p = (p_1,p_2,\cdots,p_s)^{\mathrm{T}},q = (q_1,q_2,\cdots,q_m)^{\mathrm{T}}$ 分别为输入和输出指标的权重系数，其中 $q \in E^m,p \in E^s$，每一个决策单元

DMU_i 都有相应的效率评价系数：

$$h_j = \frac{p^T y_j}{q^T X_j} = \frac{\sum_{r=1}^{s} p_r y_{rj}}{\sum_{i=1}^{mn} q_i X_{ij}} \qquad j = 1,2,\cdots,n$$

可以选择输入指标和输出指标的权重系数 q 和 p 使得：

$$h_j \leqslant 1, j = 1,2,\cdots,n$$

对于效率评价函数 h_j：在输入指标和输出指标的权重系数 q 和 p 之下，产出 $p^{\mathrm{T}}y_j$ 和投入 $q^{\mathrm{T}}X_j$ 的比值，对第 j_0 个决策单元 DMU_{j_0} 进行效率评价，DMU_{j_0} 的效率评级指数为 $h_{j_0} = \frac{p^{\mathrm{T}}y_{j_0}}{q^{\mathrm{T}}X_{j_0}}$，可见，$h_{j_0}$ 越大表示输入相对较少而取得了相对较多的输出。这样通过对输入指标和输出指标的权重系数 q 和 p 进行变化，从而让 DMU_{j_0} 在 n 个决策单元 DMU 中达到最优。

（2）建立 C^2R 模型

以 DMU_{j_0} 的效率评级指数 $h_{j_0} = \frac{p^{\mathrm{T}}y_{j_0}}{q^{\mathrm{T}}X_{j_0}}$ 达到最优为目标，以 n 个决策单元 DMU 的效率评价指数 $h_j = \frac{p^{\mathrm{T}}y_j}{q^{\mathrm{T}}X_j}$ 为约束，构成了下面的分式规划问题（C^2R 模型）：

$$\begin{cases} \max h_{j_0} = \dfrac{p^{\mathrm{T}}y_{j_0}}{q^{\mathrm{T}}X_{j_0}} \\ \text{s. t. } \dfrac{\sum_{r=1}^{s} p_r y_{rj}}{\sum_{i=1}^{mn} q_i X_{ij}} \leqslant 1, \quad j = 1,2,\cdots,n, \quad i = 1,2,\cdots,mn \\ q \geqslant 0, p \geqslant 0 \end{cases}$$

其中，模型的变量就是 q 和 p。

（3）建立线性规划模型 P

为了便于计算，利用 charnes—chooper 变化，将 C^2R 模型的分式规划变成等价的线性规划形式。

令 $t = \frac{1}{p^{\mathrm{T}}X_{j0}}, \omega = tp, \mu = tq$ 由 $t = \frac{1}{p^{T}X_{j0}} \Rightarrow \omega^{T}X_{j0} = 1$

则分式规划 C^2R 模型就变成了线性规划模型 P：

$$\begin{cases} \max \mu^{\mathrm{T}} y_{j0} = h_{j0} \\ \text{s. t. } \omega^{\mathrm{T}} X_{mj} - \mu^{\mathrm{T}} y_{sj} \geqslant 0, \quad j = 1,2,\cdots,n \\ \omega^{\mathrm{T}} X_{j0} = 1 \\ \omega \geqslant 0,\ \mu \geqslant 0 \end{cases}$$

其中，$\omega^{\mathrm{T}} = (\omega_1, \omega_2, \cdots, \omega_n)$，$\mu^{\mathrm{T}} = (\mu_1, \mu_2, \cdots, \mu_n)$ 是变量。

（4）构建 DEA 的对偶输入模型和对偶输出模型

DEA 输入模型：基于投入的技术效率，即在一定产出下，以最小投入与实际投入之比来估计。或者说，决策者追求的倾向是输入的减少，即 θ 的最小。

DEA 输出模型：基于产出的技术效率，即在一定的投入组合下，以实际产出与最大产出之比来估计。或者说，决策者追求的倾向是输出的增大，即 z 的最大。考虑 C^2R 的对偶输入模型和对偶输出模型：

$$D^{I}(C^2R) = \begin{cases} \min \theta \\ \text{s. t. } \sum_{j=1}^{n} X_j \lambda_j \leqslant \theta_0 \\ \sum_{j=1}^{n} y_j \lambda_j \geqslant y_0 \\ \lambda_j \geqslant 0, j = 1,2,\cdots,n \\ \theta \text{ 无约束} \end{cases} \qquad D^{o}(C^2R) = \begin{cases} \max z \\ \text{s. t. } \sum_{j=1}^{n} X_j \lambda_j + s^{+} = \theta X_0 \\ \sum_{j=1}^{n} y_j \lambda_j - s^{-} = z y_0 \\ \lambda_j \geqslant 0, j = 1,2,\cdots,n \\ \theta \text{ 无约束}, s^{+} \geqslant 0, s^{-} \leqslant 0 \end{cases}$$

DEA 有效：最优目标值 $h_{j_0}^* = 1$。

DEA 有效：若存在最优解 z^*，θ^*, λ^* 满足 $\theta^* > 0, \lambda^* > 0$，$z^* = \theta^* = 1$。

5.2.3　模糊 DEA 法（F—D 法）

（1）设立模糊集合

设 $W = \{w_1, w_2, w_3, \cdots, w_k\}$ 为评价对象集，k 为评价对象个数。

$U = \{u_1, u_2, u_3, \cdots, u_m\}$ 为评价因素集，m 为评价因素个数。

$V = \{v_1, v_2, v_3, \cdots, v_n\}$ 为评价等级集，n 为评价等级个数。

（2）建立评价对象的模糊关系矩阵 $\boldsymbol{R}$

$$\boldsymbol{R} = \begin{pmatrix} R_1 \\ \cdots \\ R_m \end{pmatrix} = \begin{pmatrix} r_{11} & \cdots & r_{1n} \\ \vdots & \ddots & \vdots \\ r_{m1} & \cdots & r_{mn} \end{pmatrix}$$

其中，r_{ij}为 U 中因素 u_i 对应 V 中等级 v_j 的隶属关系，即从因素 u_i 着眼被评价对象能被评为 v_j 等级的隶属程度，可以通过二相模糊统计法来确定，具体来说就是评委在某个等级上打勾的人数占总评委人数的比值。

（3）建立评价因素的模糊关系矩阵 $\boldsymbol{Q}$

$$\boldsymbol{Q} = \begin{pmatrix} Q_1 \\ \cdots \\ Q_k \end{pmatrix} = \begin{pmatrix} q_{11} & \cdots & q_{1n} \\ \vdots & \ddots & \vdots \\ q_{k1} & \cdots & q_{kn} \end{pmatrix}$$

其中，q_{ij} 为 W 中评价对象 w_i 对应 V 中评价等级 v_j 的隶属关系，即从对象 w_i 着眼被评价因素能被评为 v_j 等级的隶属程度。

（4）构建 DEA 的输入输出图

		DMU_1	DMU_2	…	DMU_n
Input	q_1	X_{11}	X_{12}	…	X_{1n}
	q_2	X_{21}	X_{22}	…	X_{2n}
	…	….	…	…	…
	q_m	X_{m1}	X_{m2}	…	X_{mn}
output	p_1	y_{11}	y_{12}	…	y_{1n}
	p_2	y_{21}	y_{22}	…	y_{2n}
	…	…	…	…	…
	p_s	y_{s1}	y_{s2}	…	y_{sn}

图 5－3　DEA 的输入输出

（5）构建决策单元的线性规划模型

$$
\begin{cases}
\max\ p^{\mathrm{T}} y_{j_0} \\
\text{s. t.}\quad \sum_{i=1}^{mn} q_i X_{ij} - \sum_{r=1}^{s} p_r y_{rj} \geqslant 0,\ j = 1, 2, \cdots, n \\
q^{\mathrm{T}} X_{j_0} = 1 \\
q \geqslant 0, p \geqslant 0
\end{cases}
$$

5.3　中小企业集合可转债融资效率的实证研究

在第四章中我们对国外的中小企业直接融资创新工具进行了分析，由于各国或地区融资体制的不同，各国或地区根据自己融资特点为中小企业提供各种适用于本国或地区的融资工具产品。如美国的天使投资、日本的私募债券、韩国的 P—CBO 融资等。

本章将以中小企业集合可转债和中小企业集合股票这两种直接融资工具和我国中小企业其他主要融资模式——内部集资、银行信贷和民间借贷作比较，分析其融资效率的高低。

5.3.1　中小企业集合可转债融资效率模型构建

根据构建的模糊 DEA 方法，首先对中小企业集合可转债的融资效率作分析，具体如下：

（1）建立中小企业集合可转债评价模糊集合

① 评价因素集 $U=\{u_1,u_2,u_3,u_4,u_5\}$，其中，$u_1$：融资成本；$u_2$：资金利用率；$u_3$：融资机制规范度；$u_4$：融资主体自由度；$u_5$：清偿力。

② 评价等级集 $V=\{v_1,v_2,v_3,v_4\}$，其中，v_1：很高；v_2：较高；v_3：不高；v_4：低。

（2）建立中小企业集合可转债的因素评价表

根据以上对融资效率的影响因素分析，请了 10 位该领域的专家学者分别对中小企业集合可转债的融资影响因素进行融资效率评价，评级等级为低、不高、较高、很高四个等级，表中数字表示专家对于该评级等级的人数，现将各个因素的专家评价结果统计如下：

表 5－1　　10 位专家对评价因素的评价等级统计

因素 / 评级	融资成本	资金利用率	融资机制规范度	融资主体自由度	清偿力	权重
低	2	2	3	2	0	q_1
不高	4	1	5	4	1	q_2
较高	3	3	1	2	7	P_1
很高	1	4	1	2	2	P_2

（3）构建决策单元的线性规划模型

对于每个影响因素都可以建立一个线性规划模型，对于融资成本，建立对应的线性规划如下：

$$
\begin{cases}
\text{Max } 3p_1 + p_2 \\
2q_1 + 4q_2 - 3p_1 - p_2 \geqslant 0 \\
2q_1 + 1q_2 - 3p_1 - 4p_2 \geqslant 0 \\
3q_1 + 5q_2 - p_1 - p_2 \geqslant 0 \\
2q_1 + 4q_2 - 2p_1 - 2p_2 \geqslant 0 \\
q_2 - 7p_1 - 2p_2 \geqslant 0 \\
2q_1 + 4q_2 = 1 \\
p_1, p_2, q_1, q_2 \geqslant 0
\end{cases}
$$

5.3.2 对中小企业集合可转债融资效率评价

运用软件 lingo 17.0，输入指标如图 5－4 所示。

```
Lingo Model - Lingo1
model:
   max=3*p1+1*p2;
   2*q1+4*q2-3*p1-1*p2>=0;
   2*q1+1*q2-3*p1-4*p2>=0;
   3*q1+5*q2-1*p1-1*p2>=0;
   2*q1+4*q2-2*p1-2*p2>=0;
   1*q2-7*p1-2*p2>=0;
   2*q1+4*q2=1;
     end
```

图 5－4　软件 lingo 输入指标

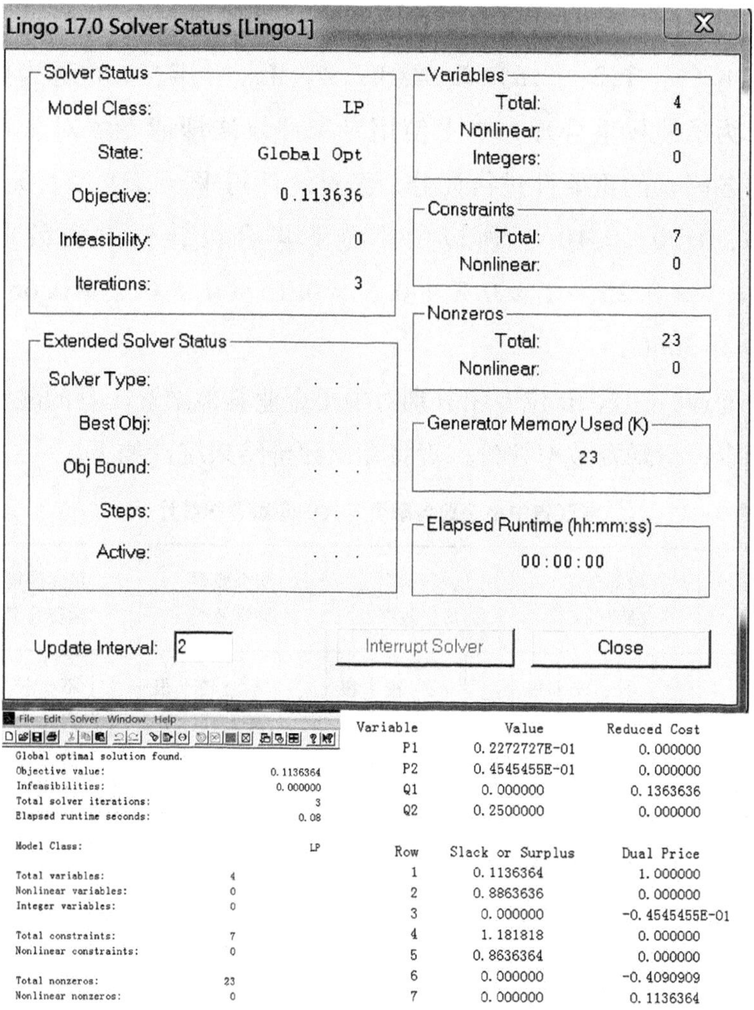

图 5－5　软件 lingo 输出结果

可以得到：融资成本 max ＝ 0.1136

同理可以得到：资金利用率 max ＝ 1

融资机制规范度 max ＝ 0.07692

融资主体自由度 max ＝ 0.3333

清偿力 max ＝ 1

为了反映各因素的重要程度不同，对各因素 U_i 分配相应的权数 $W_i(i = 1,2,\cdots,n)$。$W = (W_1,W_2,W_3,\cdots,W_n)$，$W_i$ 称为权重集。为了使权重合理，本书使用专家评议法即请专家对影响融资的各因素的重要性进行评分，经过统计得 $W =$ （0.25，0.30，0.15，0.20，0.10），所以中小企业集合可转债融资效率的 $\max = 1 \times 0.25 + 1 \times 0.3 + 0.5 \times 0.15 + 1 \times 0.2 + 0.667 \times 0.1 = 0.5066$。

同理，让这10位专家分别对中小企业其他融资工具的融资影响因素进行融资效率评价，现将专家评价结果统计如下。

表5-2　　浙江省中小企业各融资工具的专家评级统计

	内部集资融资效率				银行信贷融资效率				集合股票融资效率				民间借贷融资效率			
评级等级	低	不高	较高	很高	低	不高	较高	很高	低	不高	较高	很高	低	不高	较高	很高
融资成本	2	3	3	2	5	2	2	1	3	5	1	1	4	3	2	1
资金利用率	3	2	2	3	3	4	2	1	4	2	3	1	1	1	5	3
融资机制规范度	4	3	1	2	3	1	4	2	4	3	2	1	4	3	1	2
融资主体自由度	2	3	3	2	2	4	3	1	2	2	4	2	1	1	7	1
清偿能力	2	5	2	1	4	3	2	1	1	0	2	7	0	2	1	7

同样运用软件 lingo 17.0 分别对中小企业其他融资工具进行求解，现将结果统计如下：

表 5-3　　浙江省中小企业各融资模式的 max 计算

融资模式 影响因素	内部集资	银行信贷	集合股票	民间借贷	权重
融资成本 max	1	0.3	0.1667	0.125	0.25
资金利用率 max	1	0.5	0.375	1	0.3
融资机制规范度 max	0.5	1	0.25	0.1979	0.15
融资主体自由度 max	1	1	1	1	0.2
清偿能力 max	0.667	0.375	1	1	0.1
Max（综合）	0.8917	0.6125	0.4917	0.6609	

上述结果表明，内部集资 max = 0.8917 > 民间借贷 max = 0.6609 > 银行信贷 max = 0.6125 > 中小企业集合可转债 max = 0.5066 > 中小企业集合股票 max = 0.4917。可见内部融资效率 > 民间借贷融资效率 > 银行信贷融资效率 > 中小企业集合可转债融资效率 > 中小企业集合股票融资效率。在上述融资模式中，只有内部集资的融资效率比较高，其他融资方式的融资效率相差不大，而中小企业集合可转债和中小企业集合股票的融资效率最低，中小企业集合可转债融资效率要高于中小企业集合股票融资效率。我国的银行体制不够完善，银行无法为大部分中小企业提供融资贷款，民间借贷还受到较多约束，较高的信息成本导致融资贷款利率较高。同时资本市场不够发达，我国大部分中小企业无法通过资本市场发行股票和债券进行直接融资。

5.3.3 浙江省中小企业集合可转债融资效率实证分析

通过以上的分析得出，浙江省中小企业融资工具中，中小企业集合可转债的融资效率要高于中小企业集合股票的融资效率。由于净资产收益率是衡量企业盈利能力最直接的指标，一般来说，企业净资产收益率越高则企业盈利能力越强，融资效率就越高。为了进一步验证上述结论，本书通过随机抽样选取10家宁波市中小企业作为样本（宁波市是浙江省经济发展程度较高的地区，其中小企业的发展在浙江省具有很强的代表性，所以选其作为样本，为了保证分析的连续性和可比性，后续章节的实证分析采集的样本相同），以净资产收益率为评价指标，企业资产负债率的变化反映企业运用债权融资的情况，股权资本增长率的变化反映企业运用股权融资的情况，从而考察企业资产负债率与股权资本增长率与净资产收益率之间的关系，比较出中小企业集合可转债和中小企业集合股票融资的效率，进一步验证上述模糊综合评价的结论。数据如表5－4所示（数据是采集于各个企业的财务报告，并加以计算整理得来）。

表5－4　　浙江省中小企业抽样调查数据

公司名称	净资产收益率		股权资本增长率		资产负债率	
	2017/12/31	2016/12/31	2017	2016	2017/12/31	2016/12/31
荣安地产	12.84	4.05	15.2616	1.4743	67.8841	66.8969
香溢融通	4.11	5.36	4.194	0.1887	25.2071	33.1063
波导股份	－18.12	3.1	－15.316	3.1654	20.4684	30.4882
宁波富邦	52.32	－4.28	109.733	39.749	76.5521	76.0808
宁波联合	19.85	7.68	27.521	3.572	60.2813	74.0725
宁波海运	5.26	3.26	5.502	3.700	45.6382	49.6539
东睦股份	11.72	7.71	16.747	45.335	17.555	14.8709
龙元建设	10.31	6.61	13.164	50.925	83.3367	79.9793
宁波热电	3.83	3.47	4.649	0.996	37.3576	25.1722
康强电子	8.65	6.26	7.176	7.252	51.5035	52.4986

为了能够更好地反映三者之间的关系，构造 OLS 回归模型。设线性回归方程为 $\hat{y} = B_1X_1 + B_2X_2 + \xi$，其中 $\hat{y} = y_{净2017} - y_{净2016}$，表示净资产收益率的变化，$X_1 = X_{股2017} - X_{股2016}$，表示股权资本增长率的变化，是否进行股权融资，$X_2 = X_{资2017} - X_{资2016}$，表示资产负债率的变化，是否进行债权融资。如表 5－5 所示。

表 5－5　　浙江省中小企业数据演算

公司名称	$\hat{y}$	x_1	x_2
荣安地产	8.79	13.7873	0.9872
香溢融通	－1.25	4.0053	－7.8992
波导股份	－21.22	－18.4814	－10.0198
宁波富邦	56.6	69.984	0.4713
宁波联合	12.17	23.949	－13.7912
宁波海运	2	1.802	－4.0157
东睦股份	4.01	－28.588	2.6841
龙元建设	3.7	－37.761	3.3574
宁波热电	0.36	3.653	12.1854
康强电子	2.39	－0.076	－0.9951

利用 SPASS19.0 对数据进行分析，得到：

表 5－6　　浙江省 10 家中小企业的数据统计分析

Variables Entered/Removedb

Model	Variables Entered	Variables Removed	Method
1	资产负债率变化，股权资本增长率变化	—	Enter

a. All requested variables entered。

b. Dependent Variable：净资产收益率变化。

Model Summary

Model	R	R Square	Adjusted R Square	Std. Error of the Estimate
1	0.849a	0.721	0.641	11.751665464

a. Predictors：(Constant)，资产负债率变化，股权资本增长率变化。

ANOVA[b]

Model		Sum of Squares	df	Mean Square	F	Sig.
1	Regression	2497.384	2	1248.692	9.042	0.011a
	Residual	966.711	7	138.102		
	Total	3464.095	9			

a. Predictors：(Constant)，资产负债率变化，股权资本增长率变化。

b. Dependent Variable：净资产收益率变化。

Coefficientsa

Model		Unstandardized Coefficients		Standardized Coefficients	t	Sig.
		B	Std. Error	Beta		
1	(Constant)	6.178	3.834		1.611	0.151
	股权资本增长率变化	0.546	0.131	0.838	4.169	0.004
	资产负债率变化	0.695	0.524	0.266	4.325	0.007

Variables Entered/Removedb

Model	Variables Enteredr	Variables Removed	Method
1	资产负债率变化，股权资本增长率变化		Enter

a. Dependent Variable：净资产收益率变化。

可以建立方程：$\hat{y} = 6.178 + 0.546X_1 + 0.695X_2$，可以看出股东权益增加一个单位带来净资产收益率增加0.546个单位，而资产负债率增加一个单位带来净资产收益率提高0.695个单位，这说明了中小企业利用中小企业集合可转债融资效率高于中小企业集合股票融资效率，和我们用模糊综合评价法得出的结论相一致。

相比间接融资方式，对于中小企业来说，直接融资方式有更大的优势。从上面的研究结果可知，和其他的中小企业融资模式相比，中小企业集合可转债和中小企业集合股票融资效率的提升潜力更大，对于中小企业融资问题的解决帮助更大。所以应加强建设完善发达的资本市场，大力发展直接融资，积极进行中小企业直接融资工具的创新，尤其是在债券和股票方面的中小企业直接融资工具的创新，拓展中小企业的融资路径，为中小企业募集充裕的资金支持发展。

国家已经认识到我国现有的金融缺陷，正在积极进行金融体制改革，出台相关的法规引导民间融资的发展，尤其是努力建设我国的资本市场，进行金融工具的创新，例如在股市推出了中小企业板、创业板、新三板，在债市推出了中小企业集合债券等。我国进行这些积极的探索就是希望能够建立起适应我国经济发展的多层次融资体系，能够更好地服务于经济发展的需要。

5.4　本章小结

本章首先通过模糊综合评价法比较分析了我国中小企业直接融资创新工具（中小企业集合可转债和中小企业集合股票）和中小企业其他主要融资模式（内部集资、银行信贷、民间借贷）的融资效率，发现内源融资的融资效率最高，和其他融资模式的融资效率差别明显，其他融资模式的融资效率相差不大，而中小企业集合可转债和中小企业集合股票的融资效率最差。这也说明了中小企业集合可转债、中小企业集合股票这两种直接融资创新工具还有巨大的改进提升空间。而通过中小企业直接融资工具创新，为中小企业提供更多的融资工具，改善中小企业的融资环境，则是破解中小企业融资难题的关键。

第六章　中小企业集合可转债的风险研究

中小企业融资渠道狭窄，融资工具较少，无法为中小企业募集到充裕的资金帮助中小企业健康发展，从前面的分析可知，相对于间接融资工具来说，直接融资工具有着较大的优势。本书从中小企业直接融资工具创新考虑，提出了中小企业集合可转债的构想。新出现的中小企业融资创新工具——中小企业集合债券不仅为中小企业找到了一条新的融资途径，而且也为资本市场增加了一个新的投资品种，增添了市场的活力。但是中小企业集合债券在发行后，先后出现了一些违约事件，也显示出了中小企业集合债券的融资风险问题，因此，降低中小企业集合债券的融资风险就成了当前急需解决的问题。进行中小企业直接融资工具创新的关键在于：第一，对中小企业直接融资工具进行增信，降低风险。第二，对中小企业直接融资工具的发行企业主体结构进行优化。第三，对中小企业直接融资工具的定价进行研究。对于第一个问题，通过改进现有单一的外部增信模式，变为内部和外部同时为中小企业直接融资工具增信，同时借助资产证券化技术，对中小企业直接融资工具进行资产的分层设计，降低风险。对于第二个和第三个问题，本书借鉴中小企业集合债券一些成功的经验和失败的教训，以中小企业集合可转债为例做重点分析，然后推广到中小企业集合股票。首先利用 KMV 模型对中小企业集合可转债的发债主体结构进行风险度量，然后在此基础上再利用多元 t－Copula 模型，构建一个中小企业集合可转债发债主体结构优化模型，确定中小企业集合可转债的发债主体结构的优化比例，建立有效的中小企业集合，从而达到降低中小企业集合可转债融资风险的目的，最后运用 B—S 模型对中小企业集合可转债做定价研究，确定中小企业集合可转债的价格，保证中小企业集合可转债的顺利发行。

6.1 中小企业集合可转债风险模型构建

6.1.1 模型选择的理论分析

随着世界经济一体化趋势的加强，资本市场快速发展，融资手段呈现多样化及非中介化，大量金融创新工具的涌现，资产证券化技术的灵活应用，为信用风险的度量和管理带来新的挑战，经济形式的复杂多变性导致金融机构面临的风险日益多样化，传统的信用风险技术已无法适应新形势的需要。20 世纪 90 年代以来，金融工程技术的飞速发展，信用风险管理技术也得到了很好的发展，一批新的信用风险度量技术模型被开发出来并广泛应用于实际工作中，其中的主要代表为 Credit Metrics 模型、Credit Risk + 模型、Credit Portfolio View 模型和 KMV 模型等。

（1） Credit Metrics 模型

Credit Metrics 模型，也被称为信用度量术，是 1997 年美国

J. P. 摩根银行联合其他六家国际著名金融机构共同开发的基于资产组合和 VAR（Value at Risk）理论的一种新的信用风险度量模型。该模型根据借款人的信用评级、违约贷款的回收率、债券市场上的信用风险价差、次年评级发生变化的概率（评级转移矩阵）等计算出贷款的市场价值及其波动性，进而得出个别贷款和贷款组合的 VAR 值。VAR，即在险价值，是指在给定的置信水平和目标时间内预期的最大损失。其优点是以概率统计理论为基础，市场风险能够通过 VAR 方法简单清晰地显示出来，因此在交易性金融工具的风险度量中使用相当广泛。但是，这个方法也存在较大的缺陷性。

首先，对于同一信用等级的债务人应用相同的信用等级迁移矩阵和违约率的同质假设，没有考虑信用质量的动态变化。在真实商业运作中，为了能够让信用质量的变化情况得到真实的反映，迁移矩阵和违约概率采用一段信贷期间的平均值来测量信用质量。

其次，在假设中认为信用等级转换与过去信用等级没有任何相关性，信用等级转换概率是遵循一个稳定的马尔可夫过程。可是社会实践表明，以往的信用等级与下个时期的信用状况密切相关。

最后，在假设中认定债券和贷款的信用等级转换概率是相同的，而且对于输入变量（远期零息票利率、违约收复率和信用价差）的设定为非随机变量。可是，债券和贷款有着较大差异，用相同的信用等级转移概率，会对估计的准确性造成很大的冲击。而且（远期零息票利率、违约收复率和信用价差）如果其中某一个或两个改变为随机变量，将会对 VAR 计算结果产生很大的影响，VAR 的准确性也会受到重大的影响。

（2） Credit Risk + 模型

1996 年，瑞士信贷银行金融产品部（Credit Suisse Financial Products，CSFP）基于保险精算学的思路，开发了 Credit Risk + 模型。该模型从违约的角度对信用风险进行测量，模型认为灾害发生时造成的损失或破坏程度和灾害发生的频率决定了损失的大小。Credit Risk + 模型计算简单便捷，对于数据的获取，只需要贷款违约波动率、违约率和损失的严重性等有限的变量数据。而对于数据的处理，贷款的非预期损失和预期损失仅仅通过对贷款组合价值的损失分布函数进行分析和计算就可以直接获得。但是这个模型也存在较大的缺陷性。

首先，没有考察测量对象信用等级的动态变化过程，它假定任何贷款人的信用风险是固定不变的，认为信用风险在长期内受到利率的随机期限结构的影响，这样做出的研究结论和实际的出入较大。

其次，没有考虑到贷款人本身的特征以及一些客观的市场风险，认为违约风险不受资本结构的影响，而在实际的信用风险测量中，贷款人本身的因素会对信用风险的测量产生较大的影响，市场风险和贷款人的资本结构也会对信用风险产生较大的影响。

最后，其对信用风险数据的获取并不是直接获得，而是从其他市场数据中计算得到违约波动率，所以计算结果存在一定的误差，实际效果往往较差。

（3） Credit Portfolio View 模型

1998 年，麦肯锡公司基于蒙特卡罗模拟法和计量经济学的思路开发出一个多因素信用风险度量模型——Credit Portfolio View模型。Credit Portfolio View模型综合考虑了一系列宏观经济因素，并假定信用等级的变化和违约的概率与经济周期呈现反向变化关系，在经济低迷时期，信用等级的变化和违约的概率要高于历史平均水平，但在经济繁荣增长时期则低于历史平均水平。该模型具有一定的优点，首先是信用等级迁移矩阵中纳入了各种影响违约率的宏观经济变量，能够较为客观地反映测量对象的信用风险水平；其次考虑到了风险信用质量的动态变化，克服了Credit Metrics模型中评级迁移矩阵在不同时期固定不变的缺点；能够更加客观真实地反映被测对象的信用风险水平，这是对Credit Metrics模型的提高和完善。但是，该模型也存在一定的缺陷。

一方面，对于数据的采集和处理方面存在较大的难度，由于Credit Portfolio View模型综合考虑了一系列宏观经济因素，大量宏观经济数据的采集也提高了该模型的应用难度，同时对大量数据的处理，工作量和难度非常大。

另一方面，模型本身的调整主观性较强，通过银行信贷专员对信贷周期的主观判断和其本身的工作经验进行信用等级迁移矩阵。这样往往不能公正客观反映被测对象真实的信用风险水平，实测结果具有较大的误差。

（4）KMV模型

1993年，美国旧金山的KMV公司基于期权定价理论的思想成功研发了KMV模型，该模型是建立在现代期权定价理论基础之上的违约预测模型，是对传统信用风险度量方法的一次重要革命。该模型以Merton结构化模型为基础，将企业财务结构与

Black—Scholes 期权定价理论结合起来对上市公司的资产市场价值、波动率及负债账面价值等进行分析。首先，将公司权益看作以公司资产价值为标的的看涨期权，当公司资产的市场价值低于一定水平即违约触发点 DP（Default Point）时就会发生违约，即不执行看涨期权。然后，模型通过计算公司价值的现值与违约触发点之差除以公司价值的标准差，得出违约距离 DD（Distance to Default），从而测算出预期违约率 EDF（Expected Default Frequency）。最后，进一步建立 EDF 和 DD 的对应关系——理论研究显示违约距离与公司的违约风险成反向关系。简单地说，KMV 模型的主要观点是借款信用风险在给定负债的情况下是由借款人资产的市场价值决定的。可是资产并没有真实地在市场交易，其价值不能够直接衡量。因此，模型把银行的贷款问题换了一个角度，从借款企业所有者的角度考虑贷款偿还的问题。在债务到期日，如果公司资产的市场价值高于公司债务价值（违约点），那么公司股权价值即为公司资产市场价值与债务值之间的差额；如果此时公司资产价值低于债务价值，那么为了偿还债务便只能变卖资产，此时股权价值变为零。

KMV 模型自从问世以来，就在国内外受到了金融界的广泛推崇和实际应用，而且其影响日益扩大。和上述风险测量模型相比，KMV 模型本身具有很大的优点。

首先，KMV 模型是以 B—S 期权定价理论为基础的结构化模型，充分考虑到市场的动态变化过程。KMV 模型将公司资产的市场价值看作是一种看涨期权，充分利用了资本市场上的公开信息，及时根据公司信用风险状况的变化对企业进行信用风险的量化和分析，克服了先前信用风险度量模型的一些缺陷，信用风险的测量的结果能够更加客观公正。

其次，KMV 模型的违约概率是根据股票价格变动的实时行情测算出的，而股价的实时变动及时反映了企业信用资产变化的情况，因而信息更及时，能更准确反映企业的客观情况；并且股票价格不仅反映了企业目前的实际经营发展状况和信用状况，而且反映了投资者对公司未来发展的预测，所以能更客观、全面地对信用风险进行反映。

最后，KMV 模型不仅能够对企业不同时间段的信用风险进行测量，而且能够对不同企业进行风险测量。这样，企业既可以做纵向比较（企业不同时间段的风险比较），也可以做横向比较（不同企业之间的风险比较），有利于企业分析产生风险的原因和找到解决风险的对策。而且 KMV 模型没有对市场的有效性做出相应的要求，我国资本市场不够发达完善，因此，KMV 模型在我国资本市场应用的效果相对会更好。

基于以上的分析，所以本书选定 KMV 模型作为接下来信用风险测量的主要模型。

6.1.2 中小企业集合可转债单个发债企业违约距离测度

KMV 模型以 Merton 结构化模型为基础，Merton 结构化模型的基本假设为：

(1) 企业的资本 V_A 由权益资本 V_E 与债务资本 D 构成，即 $V_A = V_E + D$，

且资产价格 V_A 遵循几何 Brown 运动；

（2）债权的求偿权优先于股权，在债权人获得全部偿付后股东才能获取相应的支付；

（3）企业只可能在到期日发生违约行为。

设某家企业的债务到期期限（即期权执行期限）为 T，无风险利率为 r。根据 B—S 模型可以得到：

$$V_E = V_A N(d_1) - D\exp(-rT)N(d_2) \qquad (6-1)$$

$$d_1 = \frac{\ln(V_A/D) + T(r + \sigma_A^2/2)}{\sigma_A \sqrt{T}} \qquad (6-2)$$

$$d_2 = \frac{\ln(V_A/D) + T(r - \sigma_A^2/2)}{\sigma_A \sqrt{T}} = d_1 - \sigma_A \sqrt{T} \qquad (6-3)$$

$$N(d) = \int_{-\infty}^{d} \frac{1}{\sqrt{2\pi}} e^{-x^2/2} dx \qquad (6-4)$$

其中，V_E 为发债企业 A 的股权价值，V_A 为发债企业 A 的资产价值，D 为发债企业 A 的债务价值，r 为无风险利率，T 为债务期限，σ_A 为企业 A 的资产价值波动率，$N(\cdot)$ 表示标准累积正态分布函数。

KMV 模型对企业信用风险的测量步骤为：

首先，计算企业资产价值及其波动率。假设企业资产价值与股价均遵循几何 Brown 运动：

$$dV_A = \mu_A V_A dt + \sigma_A V_A dW(t) \qquad (6-5)$$

$$dV_E = \mu_E V_E dt + \sigma_E V_E dW(t) \qquad (6-6)$$

其中，dZ 表示一个标准的 Winner 过程；μ_A 和 μ_E 为漂移参数；V_A 为企业 A 的资产价值；σ_A 为企业 A 的资产价值波动率；V_E 为企业 A 的股权价值；σ_E 为企业 A 的股权价值波动率。

一般来说，任何金融衍生产品的价格可以看作标的资产与时间的函数。本书将股权价格 V_E 看作资产价格 V_A 与时间 t 的函数，

即 $V_E=f(V_A,t)$。从式（6－6）得知，V_E 关于 t 一阶可导，关于 V_A 二阶可导。因此可得：

$$dV_E=\left[\mu_A V_A\frac{\partial V_E}{\partial V_A}+\frac{\partial V_E}{\partial t}+\frac{1}{2}\sigma_A^2V_A^2\frac{\partial^2 V_E}{\partial {V_A}^2}\right]dt+\sigma_A V_A\frac{\partial V_E}{\partial V_A}dW(t) \tag{6-7}$$

联立式（6－6）和式（6－7）可得：

$$\sigma_E V_E=\sigma_A V_A\frac{\partial V_E}{\partial V_A} \tag{6-8}$$

由式（6－1）可以求出：

$$\frac{\partial V_E}{\partial V_A}=N(d_1) \tag{6-9}$$

将式（6－9）代入式（6－8），得到：$\sigma_E V_E=\sigma_A V_A N(d_1)$

(6－10)

联立式（6－1）与式（6－10），得出企业资产价格 V_A 与波动率 σ_A。

其次，计算违约距离。

通过研究发现，当企业资产价格低于违约点的债务面值时可能发生违约，违约距离是测量违约风险的参考依据。计算公式为

$$DD=\frac{V_A-DP}{V_A\sigma_A} \tag{6-11}$$

其中，DD 表示违约距离，数值越小，表示违约风险越大；DP 为违约点，一般可由固定的公式根据企业的财务数据得出。其原理可以参看图 6－1。

最后，计算预期违约概率。

根据违约距离 DD 的定义，假设企业资产呈正态分布，则发生违约的概率为：

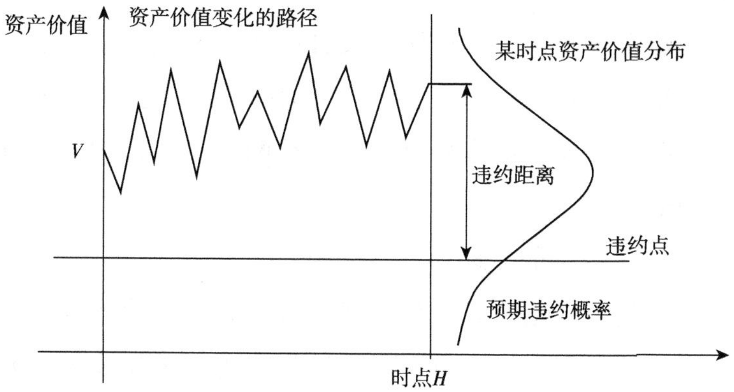

图 6－1 中小企业预期违约原理

$$
\begin{aligned}
EDF &= P(E(V_A) \angle DP) \\
&= N\left(\frac{DP - E(V_A)}{EV_A \sigma_A}\right) \\
&= N(-DD) \\
&= 1 - N(DD)
\end{aligned}
\qquad (6-12)
$$

6.1.3 宁波中小企业集合可转债违约距离实证分析

本节主要进行实证样本选取与违约距离的计算等相关处理。首先是研究样本的选取与数据的来源，再通过 KMV 模型得出中小企业集合可转债的发债企业的违约距离，并进行单位根检验，验证违约距离序列的平稳性。

（1）样本选择与数据来源

根据研究表明，中小企业集合债券的发债企业之间资产规模差异较小。本书以 2013—2017 年为样本期间，以资产规模大小作为选择标准，择优选择 10 家中小企业（荣安地产、京投发展、宁波中百、波导股份、宁波富达、宁波富邦、宁波韵升、亿晶光电、龙元建设及宏润建设）作为集合可转债发债企业，虚拟构建中小企业集合可转债，简称“宁波中小可转债”。本章中所涉及的市场和财务报表数据均来自新浪财经网站（http：//vip. stock. finance. sina. com. cn/）。

（2）样本数据的处理

①数据的定量化处理。对于客户信息数据中的经济类型、所在行业，贷款信息中的客户评级、贷款渠道和风险等级，为便于进行数据信息提取，需要将这些指标定量化，即根据不同的性质描述赋给相应的数值“0”和“1”，对于具有序列属性的指标变量，须赋给具有优先级别的数字符号，如“1、2、3、4、5”等。

②定量数据的标准化。将各指标变量的观测值变换到某种规范尺度之下，即定量数据的标准化。本研究将使用标准差标准化方法进行数据的标准化处理，原始数据为 X_{ij}，变换后数据为 V_{ij}，变换公式为 $V_{ij}=\frac{X_{ij}-\overline{X}_j}{S_j},\overline{X}_j=\frac{1}{n}\sum_{i=1}^{n}(X_{ij}-\overline{X})^2,S_j=\sqrt{\frac{1}{n}\sum_{i=1}^{n}(X_{ij}-\overline{X})^2},(j=1,2,\cdots,n)$。

③奇异数据的判定与处理。数据中往往存在某些奇异值（局部异常高值和异常低值），直接影响基于观测数据的计算过程和对计算结果的合理解释，判断数据中的奇异值比较困难，往往会假设数据是真实的，对奇异值的判别常采用统计检验法，包括标准差检验法和 t 检验法：

a. 两倍（或三倍）标准差检验法。这种方法是基于小概率事件原理，当标准差已知为 σ_X，用此种检验方法来检验一组样本中的异常值。根据正态分布，出现偏差大于两倍标准差（$2\sigma_X$）和三倍标准差（$3\sigma_X$）的测定值的概率分别小于 5.0% 和 0.3%，是一个小概率要求。如果离群值的偏差大于两倍或三倍标准差，则可以将该值剔除。若已知 σ_X，样本容量大于30时，可直接由样本值计算标准差 S 代替来进行判别。这种方法在样本容量较大、数据平滑性较好时，效果比较明显。计算步骤如下：

第一步，根据样本值计算均值（可以是算数均值、切尾均值等）$\overline{X}$；

第二步，计算 $\sigma_X = S$；

第三步，从 $i=1$ 到 T 计算 $\delta_i = X_i - \overline{X}$，并比较式 $\delta_i > 3\sigma_X$ 是否成立，若成立，则作为异常值，删除。本研究选用标准差检验法进行异常数据剔除。

b. t 检验法，将可疑测定值 X_i 以外的其余样本当作一个总体，并假定该总体服从正态分布。由这些样本计算平均值 $\overline{X}$ 和 S，将可疑值 X_i 当作一个样本容量为1的特征总体。如果 X_i 与其余样本同属于一个总体，它与其他样本之间没有显著性差异，若统计量 $K = \frac{|X_i - \overline{X}|}{S}$ 且大于显著性水平 a 下的临界表值，则表明 X_i 的出现是一个小概率事件，为异常值，舍弃。

（3）KMV 模型的违约距离计算

已知公司股权价值 C（各上市公司一年十二个月总市值的平均值），股权价值波动率 σ_E（股权波动率将使用股权价值波动率，即采用股票每个月最后一个交易日的收盘价 P），负债市场价值 L（负债的账面价值，用违约点 DP 代替，KMV 公司经过实证分析后得出最容易产生违约现象的分界点不是在所要偿还债务的账面价值的地方，而在短期负债（SL）+0.5 长期负债（LL）的地方，因此采取 DP = SL + 0.5LL），无风险利率 r（2017 年 12 月中国人民银行一年期存款利率 1.5%），时间 T（一年），可以解出 V_A 和 σ_E 的值。以荣安地产为代表，根据所收集的已知数据，列出表 6－1：

表 6－1　　荣安地产数据收集

月份	收盘价	相对价格	市值	收益率
1	4.9		15601600000	
2	5.72	1.167346939	18212480000	0.154734
3	5.15	0.90034965	16397600000	−0.10497
4	4.85	0.941747573	15442400000	−0.06002
5	4.45	0.917525773	14168800000	−0.08607
6	4.65	1.04494382	14805600000	0.043963
7	4.69	1.008602151	14932960000	0.008565
8	4.41	0.940298507	14041440000	−0.06156
9	4.23	0.959183673	13468320000	−0.04167
10	4.23	1	13468320000	0
11	3.89	0.919621749	12385760000	−0.08379
12	3.38	0.868894602	10761920000	−0.14053
平均	4.545833333		14473933333	
总股数	3184000000		股价波动率 σ_p	0.082303
短期负债 SL	6228178100		长期负债 LL	2729262600

其中收盘价为所研究样本上市公司 2017 年度十二个月每个月最后一个交易日的收盘价。相对价格为后一个月的收盘价与前一个月的收盘价之比。收益率为取 e 为底的相对价格的对数，即 ln（相对价格）。股价波动率 σ_p 为收益率的标准偏差。股权价值波动率 σ_E 为 σp * sqrt（12）。资产价值 V_A，资产价值波动率 σ_A，通过 Matlab 软件编程处理，违约距离 DD，预期违约率 EDF 都使用 Matlab 软件进行迭代计算。分别如图 6－2 和图 6－3 所示：

```
function F = Eqfun(x)
F = [2*x(1) - x(2) - exp(-x(1));
      -x(1) + 2*x(2) - exp(-x(2))];
```

```
%test KMV
%r: risk-free rate
r=0.015;
%T: Time to expiration
T=1;%输入 月数
%DP:Defaut point
%SD: short debt,  LD: long debt
SD=6228178100;%输入
LD=2729262600;%输入
%计算违约点
DP=SD+0.5*LD;
%D:Debt maket value
D=DP;%债务的市场价值，可以修改
%theta: volatility
%PriceTheta:  volatility of stock price
PriceTheta=0.082303;%(输入)
%EquityTheta: volatility of Theta value
EquityTheta=PriceTheta*sqrt(12);
%AssetTheta: volatility of asset
%E:Equit maket value
E=14473933333;
%Va: Value of asset
%to compute the Va and AssetTheta
[Va,AssetTheta]=KMVOptSearch(E,D,r,T,EquityTheta)
%计算违约距离
DD=(Va-DP)/(Va*AssetTheta)
%计算违约率
EDF=normcdf(-DD)
```

图 6－2　荣安地产 matlab 指标输入

运行 Matlab 软件，可得到相应的结果，如图 6－3 所示：

名称 ▲	值
AssetTheta	0.1880
D	7.5928e+09
DD	3.4801
DP	7.5928e+09
E	1.4474e+10
EDF	2.5064e-04
EquityTheta	0.2851
LD	2.7293e+09
PriceTheta	0.0823
r	0.0150
SD	6.2282e+09
T	1
Va	2.1954e+10

图 6－3　荣安地产 Matlab 运算结果输出

同理，其他样本上市公司也进行计算和迭代。具体计算结果见表6－2。

表6－2　违约点DP、违约距离DD、预期违约率EDF计算

公司名称	资产价值 V_A	资产价值波动率 σ_A	违约点 DP	违约距离 DD	预期违约率 EDF
荣安地产	2.1954e+10	0.1880	7.5928e+09	3.4801	2.5064e−04
京投发展	2.4062e+10	0.0740	1.8696 e+09	3.0134	1.3 e−03
宁波中百	3.4534e+09	0.2313	4.0905 e+07	3.8119	6.8942e−05
波导股份	8.578e+09	0.3301	3.429e+09	1.8184	3.45 e−02
宁波富达	1.6655e+10	0.0766	9.7655e+09	5.3989	3.3524e−08
宁波富邦	2.5786e+09	0.2880	4.2172 e+07	2.9049	1.8 e−03
宁波韵升	1.1731e+10	0.2539	1.3672e+09	3.4792	2.5141e−04
亿晶光电	9.0627e+09	0.1666	2.4280e+09	4.3937	5.5712e−06
龙元建设	4.1757e+10	0.0893	2.8836e+10	3.4642	2.6588e−04
宏润建设	1.5555e+10	0.0721	9.1585e+09	5.7037	5.8616e−09

基于表6－2可以看出，DD宏>DD宁达>DD亿>DD宁百>DD荣>DD宁升>DD龙>DD京>DD宁邦>DD波导，因为违约距离和违约风险呈反比，我们可以得知作为中小企业集合可转债的发行企业的违约风险排序为波导股份>宁波富邦>京投发展>龙元建设>宁波韵升>荣安地产>宁波中百>亿晶光电>宁波富达>宏润建设，但是从预期违约率EDF看，EDF波导>EDF宁邦>EDF京>EDF龙>EDF宁升>EDF荣>EDF中百>EDF亿>EDF宁达>EDF宏，预期违约率和违约风险成正比，和违约距离DD排序相符，没有差异。

（4）违约距离序列ADF检验

下面基于ADF检验，检验“宁波中小可转债”各发债企业违约距离序列是否平稳。表6－3所列为荣安地产等10家发债企

业违约距离序列的单位根检验结果。

表 6-3　　发债企业违约距离检验

序列	ADF 检验值	1% 临界值	检验结果	序列	ADF 检验值	检验结果
DD 荣	-3.1164	-3.4565	非平稳	ΔDD 荣	-5.6938	平稳
DD 京	-2.4574	-3.4565	非平稳	ΔDD 京	-6.7643	平稳
DD 工	-1.9681	-3.4565	非平稳	ΔDD 工	-8.4972	平稳
DD 波导	-2.8962	-3.4565	非平稳	ΔDD 波导	-10.2673	平稳
DD 宁达	-2.4334	-3.4565	非平稳	ΔDD 宁达	-5.5782	平稳
DD 宁邦	-1.9876	-3.4565	非平稳	ΔDD 宁邦	-7.8865	平稳
DD 宁升	-2.6534	-3.4565	非平稳	ΔDD 宁升	-4.9516	平稳
DD 亿	0.8342	-3.4565	非平稳	ΔDD 亿	-8.3921	平稳
DD 龙	-3.2045	-3.4565	非平稳	ΔDD 龙	-10.5765	平稳
DD 宏	-3.2125	-3.4565	非平稳	ΔDD 宏	-12.4183	平稳

注：ΔDD 荣等表示荣安地产等中小企业违约距离的一阶差分序列。

由 ADF 检验结果可知，各发债企业违约距离序列在 1% 的显著性水平下均为非平稳序列，一阶差分序列均是平稳序列。

6.2　集合可转债违约距离与发债主体结构

中小企业集合可转债发债主体结构问题是中小企业集合可转债融资风险的关键，本节首先以发债主体结构为考察，利用 KMV 模型度量单个发债企业的违约风险，然后再利用多元 t—Copula 模型优化中小企业集合可转债发债主体结构。

6.2.1　基于多元 t—Copula 模型的发债企业结构研究

为了能够进一步减少中小企业融资风险，本节对发债企业结构进行优化研究。经过张尧挺、李悦、韦艳华的研究证实，Copula 模型能够很好地刻画企业结构。t—Copula 模型能够更好地刻画尾部相关行为，且易于模拟和校准，因此 t—Copula 模型成为了实际应用最广泛的 Copula 模型之一。本节基于企业违约距离数据，选取多元 t—Copula 刻画中小企业集合债券发债企业间违约结构：

$$DD_t = u + \varepsilon_t \tag{6-13}$$

$$\varepsilon_t = \sigma_t z_t$$

$$\sigma_t^2 = c + a\varepsilon^2{}_{t-1} + \beta\sigma^2{}_{t-1}$$

$$c > 0, a \geqslant 0, \beta \geqslant 0 \text{ 和 } a + \beta < 1, -\infty < x < \infty \tag{6-14}$$

其中，DD_t 是违约距离序列的条件均值，σ_t 是条件标准差，ε_t 是均值方程的扰动项，$\{z_t\}$ 是服从分布的变量序列，其自由度为 v。u，c，a，β，v 和 m 为模型的待估计参数，它们满足约束条件 $c>0, a \geqslant 0, \beta \geqslant 0$ 和 $a+\beta<1$；$-\infty < x < \infty$，m 为大于零的常数，$\Gamma(\cdot)$ 表示服从 Gamma 分布的分布函数。则多元 t—Copula 函数可以写为：

$$C(u_1, u_2, \cdots, u_n; p, v) = T_{P,v}(T_v^{-1}(u_1), T_v^{-1}(u_2), \cdots, T_v^{-1}(u_n)) \tag{6-15}$$

$$= \int_{-\infty}^{T_v^{-1}(u_1)} \int_{-\infty}^{T_v^{-1}(u_2)} \cdots \int_{-\infty}^{T_v^{-1}(u_n)} \frac{\Gamma\left(\frac{v+n}{2}\right) | p |^{\frac{-1}{2}}}{\Gamma\left(\frac{v}{2}\right) | v\pi |^{\frac{-n}{2}}}$$

$$\left(1 + \frac{1}{v} x p^{-1} x\right)^{\frac{-(n+v)}{2}} \mathrm{d}x_1, \mathrm{d}x_2, \cdots, \mathrm{d}x_n$$

$$= | p^{\frac{-1}{2}} | \frac{\Gamma\left(\frac{v+n}{2}\right)\left[\Gamma\left(\frac{v}{2}\right)\right]^{n-1}\left(1 + \frac{1}{v}\zeta p^{-1}\zeta\right)^{\frac{-(n+v)}{2}}}{\left[\Gamma\left(\frac{v+1}{2}\right)\right]^n \prod_{i=1}^{n}\left(1 + \frac{\zeta_i^2}{v}\right)^{\frac{-(v+1)}{2}}}$$

其中，$x = (x_1, x_2, \cdots, x_n)'$，$\zeta = (\zeta_1, \zeta_2, \cdots, \zeta_n)'$，$\zeta_i = T_v^{-1}(u_i)$，$i = 1, 2, \cdots, n$

其中，p 是对角线元素均为 1 的对称正定矩阵，$|p|$ 是矩阵 p 的行列式的值；T_p 是以 p 为相关系数的矩阵，$v(T_v^{-1}(u_1), T_v^{-1}(u_2), \cdots, T_v^{-1}(u_n))$ 是以 v 为自由度的标准化多元 t 分布函数；$T_v^{-1}(\cdot)$ 是以 v 为自由度的一元 t 分布函数的逆函数。

6.2.2　建立中小企业集合债券结构优化模型

如果以 I_f 表示发债企业 f 的违约状态，则有：

$$I_f = \begin{cases} 1, \text{违约} \\ 2, \text{不违约} \end{cases}, f = 1, 2, \cdots, n \tag{6-16}$$

当发债企业 f 的资产价值小于或等于发债企业 f 债面价值的违约点时，发生违约：$V_f \leqslant DP_f \Leftrightarrow I_f = 1, f = 1, 2$。

企业 f 的违约概率 P_f 为：

$$P_f = P(DD_f \leqslant 0) = N(-DD_f) \tag{6-17}$$

其中，$N(x)$ 为 x 的标准正态分布函数。如果发债企业 i 与发债企业 j 同时违约，联合违约概率应表示为：

$$P_{ij} = P(DD_i \leqslant 0, DD_j \leqslant 0) = P(I_i = 1, I_j = 1)$$

若以 C 表示刻画企业间违约相依结构的 Copula 函数，则：

$$P_{ij} = C(P_i, P_j) \tag{6-18}$$

其中，P_i 和 P_j 分别为发债企业 i 和 j 的违约概率，P_{ij} 为发债企业 i 和 j 的同时违约概率。由于中小企业集合可转债违约率受每个发债企业的影响。设共有企业数为 n，则中小企业集合可转债违约率为：

$$P = \sum_{i=1}^{n} P_i - \sum_{1 \leqslant i < j \leqslant n}^{c_n^2} P_{ij} + \sum_{1 \leqslant i < j < k \leqslant n}^{c_n^3} P_{ijk} + \cdots + (-1)^{n-1} P_{12\cdots n} \tag{6-19}$$

一般情况下，三家以上企业同时违约的概率非常小，因此中小企业集合可转债的违约率有：

$$P = \sum_{i=1}^{n} P_i - \sum_{1\leqslant i<j\leqslant n}^{c_n^2} P_{ij} + \Delta P_n \qquad (6-20)$$

当 n 趋近无穷大时，ΔP_n 趋近无穷小，则有：

$$P = \sum_{i=1}^{n} P_i - \sum_{1\leqslant i<j\leqslant n}^{c_n^2} C(P_i,P_j) + \Delta P_n \qquad (6-21)$$

假定中小企业集合可转债发生违约时，每个发债企业的回收率为0，则单个发债企业的最大风险为其债券发行额度。则预期损失率可表示为：

$$\begin{aligned} E(loss) &= \sum_{i=1}^{n} P_i\Big[\prod_{s\neq i}^{n}(1-P_S)\Big]\frac{DP_i}{T}F_i \\ &\quad + \sum_{1\leqslant i<j\leqslant n}^{c_n^2} C(P_i,P_j)\Big[\prod_{s\neq i}^{n}(1-P_S)\Big]\left(\frac{DP_i}{T}F_i + \frac{DP_j}{T}F_j\right) \\ &= \sum_{i=1}^{n} P_i\Big[\prod_{s\neq i}^{n}(1-P_S)\Big]W_iF_i \\ &\quad + \sum_{1\leqslant i<j\leqslant n}^{c_n^2} C(P_i,P_j)\Big[\prod_{s\neq i}^{n}(1-P_S)\Big](W_iF_i + W_jF_j) \\ &\quad F_i \sim \beta(0.35,0.21),F_j \sim \beta(0.35,0.21) \end{aligned} \qquad (6-22)$$

其中，$E(loss)$ 为中小企业集合可转债的预期损失率，以中小企业集合可转债预期损失值与中小企业集合可转债发债总额的比值表示；T 为中小企业集合可转债的发行总额，n 为中小企业集合可转债所包含发债企业的数量；W_i 和 W_j 分别为企业 i 和 j 发行额度占中小企业集合可转债总发行额的比例；DP_i 和 DP_j 分别代表企业 i 和 j 的违约点；F_i 和 F_j 分别为企业 i 和 j 发生违约时的损失率。

$$E(loss) = \sum_{i=1}^{n} E(N(-DD_i)) \left[\prod_{s \neq i}^{n} (1 - E(N(-DD_S)))\right] W_i F_i + \sum_{1 \leqslant i < j \leqslant n}^{c_n^2} C(DD_i, DD_j) \left[\prod_{\substack{s \neq i \\ s \neq j}}^{n} (1 - E(N(-DD_S)))\right] (W_i F_i + W_j F_j) \tag{6-23}$$

依此，便可以得到中小企业集合可转债发债主体结构优化模型：

$$\min E(loss) = \min\left\{ \sum_{i=1}^{n} E(N(-DD_i)) \left[\prod_{s \neq i}^{n} (1 - E(N(-DD_S)))\right] W_i F_i + \sum_{1 \leqslant i < j \leqslant n}^{c_n^2} C(DD_i, DD_j) \left[\prod_{\substack{s \neq i \\ s \neq j}}^{n} (1 - E(N(-DD_S)))\right] (W_i F_i + W_j F_j) \right\}$$

$$\text{s. t.} \sum_{i=1}^{n} W_i = 1,\ 0 \leqslant W_i \leqslant 1, i = 1, 2, \cdots, n \tag{6-24}$$

当目标函数 $\min E(loss)$ 使中小企业集合可转债的预期损失率达到最小，实现了发债主体结构最优化。

6.2.3　“宁波中小可转债”主体结构优化实证研究

本节利用“宁波中小可转债”发债主体结构优化模型确定最

优发债比例。利用边缘分布模型与多元 t—Copula 函数进行参数估计，确定集合可转债中发债主体结构的最优比例。

（1）“宁波中小可转债”的多元 t—Copula 函数估计

为了说明中小企业集合可转债发行主体之间的相关结构关系，运用 t—Copula 函数做出了相应的 P－P 图。

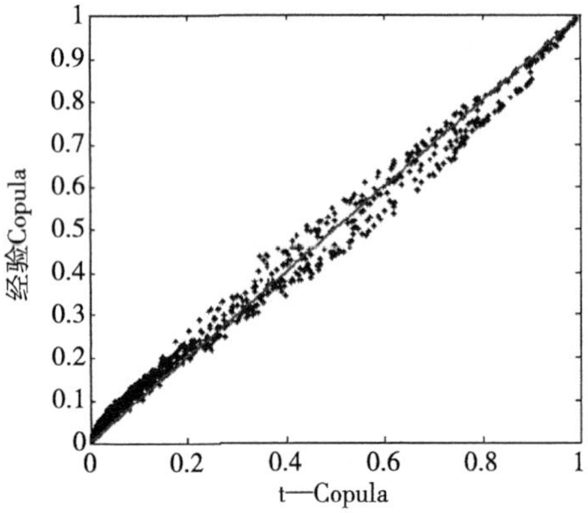

图 6－4　t—Copula 函数拟合 P－P 图

运用 t—Copula 函数来拟合发行主体之间的相关结构。“宁波中小可转债”10 家集合可转债发债企业的违约距离序列经 GARCH（1，1）－t 模型过滤，得到服从均匀分布 U（0，1）的 10 个新序列。本节利用多元 t—Copula 函数对这 10 个序列进行拟合。相关系数矩阵如表 6－4 所示。

表 6－4　　相关系数矩阵

	U 荣	U 京	U 工	U 波导	U 宁达	U 宁邦	U 宁升	U 亿	U 龙	U 宏
U 荣	1.000									
U 京	0.0732	1.000								
U 工	0.0578	0.0664	1.000							
U 波导	0.0575	0.0495	0.0606	1.000						

续表

	U荣	U京	U工	U波导	U宁达	U宁邦	U宁升	U亿	U龙	U宏
U宁达	0.0798	0.0803	0.0768	0.0665	1.000					
U宁邦	0.0629	-0.0378	0.0483	0.0476	0.0429	1.000				
U宁升	0.0431	-0.0383	-0.0602	0.0313	0.0295	0.0218	1.000			
U亿	0.0803	0.0715	-0.0665	-0.0586	0.0605	0.0511	-0.0398	1.000		
U龙	0.0903	0.0459	0.0494	0.0396	0.0921	0.0859	0.0575	0.0428	1.000	
U宏	0.0727	0.0714	0.0758	0.0848	0.0863	0.0927	0.0724	0.0836	0.0939	1.000

注：U荣等为DD荣等经过滤后得到的服从均匀分布的新序列。

（2）"宁波中小可转债"发债主体结构优化

通过对表6-4优化求解，最终可确定"宁波中小可转债"10家发债企业的最优发债比例，即各企业发债额度占集合可转债总的发行额度的比例，得到表6-5。

表6-5　"宁波中小可转债"发债主体结构优化求解

	U荣	U京	U工	U波导	U宁达	U宁邦	U宁升	U亿	U龙	U宏
U荣	1	0.0732	0.0578	0.0575	0.0798	0.0629	0.0431	0.0803	0.0903	0.0727
U京	0.0732	1	0.0664	0.0495	0.0803	-0.0378	-0.0383	0.0715	0.0459	0.0714
U工	0.0578	0.0664	1	0.0606	0.0768	0.0483	-0.0602	-0.0665	0.0494	0.0758
U波导	0.0575	0.0495	0.0606	1	0.0665	0.0476	0.0313	-0.0586	0.0396	0.0848
U宁达	0.0798	0.0803	0.0768	0.0665	1	0.0429	0.0295	0.0605	0.0921	0.0863
U宁邦	0.0629	-0.0378	0.0483	0.0476	0.0429	1	0.0218	0.0511	0.0859	0.0927
U宁升	0.0431	-0.0383	-0.0602	0.0313	0.0295	0.0218	1	-0.0398	0.0575	0.0724
U亿	0.0803	0.0715	-0.0665	-0.0586	0.0605	0.0511	-0.0398	1	0.0428	0.0836
U龙	0.0903	0.0459	0.0494	0.0396	0.0921	0.0859	0.0575	0.0428	1	0.0939
U宏	0.0727	0.0714	0.0758	0.0848	0.0863	0.0927	0.0724	0.0836	0.0939	1
求和	0.6176	0.3821	0.3084	0.3788	0.6147	0.4154	0.1173	0.2249	0.5974	0.6397
平均值	0.0686	0.0425	0.0343	0.0421	0.0683	0.0462	0.0130	0.0250	0.0664	0.0815
平均值求和	0.4878									
权重	0.1407	0.0870	0.0702	0.0863	0.1400	0.0946	0.0267	0.0512	0.1361	0.1671

从表6－5可以得到表6－6，“宁波中小可转债”发债主体结构优化如表6－6所示。

表6－6　“宁波中小可转债”发债主体结构优化

W荣	W京	W工	W波导	W宁达	W宁邦	W宁升	W亿	W龙	W宏
0.1407	0.0870	0.0702	0.0863	0.1400	0.0946	0.0267	0.0512	0.1361	0.1671

从表6－6中可以看出，荣安地产、宁波富达、龙元建设和宏润建设这4个发债企业的发债比例都超过了0.1，这四家企业都是房地产相关企业。主要原因是2013—2017年我国正处于加大基础设施建设阶段，房地产处于较好的发展时期，房价一直走高，房地产业迎来了巨大的发展机遇。因此，通过增加预期风险损失率小的房地产业的发债比重可以有效地降低集合可转债的风险预期损失。

6.3　本章小结

本节在实证分析过程中发现，如果选择的发债主体（中小企业）数目增多，中小企业集合可转债的风险会相应地降低，而且中小企业的行业相关性、企业间的相关性，以及企业间的差异性、企业的资产规模、财务状况、发展能力等都会对中小企业集合可转债的融资风险产生一定的影响。因此在确定中小企业集合可转债发债主体结构时，首先，应该综合考虑各企业的资产规模、财务状况、发展能力，以及企业间的互补性等因素，加大预期违约风险损失率小的企业发债比例。其次，增加中小企业集合可转债发债企业的数目，发债企业数目的增加会大大降低中小企业集合可转债的整体违约风险。此外，由于中小企业集合可转债发债企业的数量加大，会导致单个企业在各个环节发行费用的分摊费用降低，会极大地降低发债企业的发行成本。

第七章　中小企业集合可转债的定价研究

中小企业集合可转债具有债权和期权的双重属性混合特征，中小企业集合可转债会为投资人带来很多好处。首先为投资人提供多种选择的机会，既可以作为债券持有，到期收回本金，也可以按照约定条件转成普通股票，享受股票带来的收益。其次，投资人损失相对较小。可转债因为具有期权的价值，所以可转换债发行的债息一般低于市场利率，可转换债券未行权而仅作为债券时，对于投资人来说，最大损失就是市场利率与可转债利率的差额。最后，为投资人带来的盈利较大。可转债如果按照约定条件行权转成高成长公司的股票，就可以分享公司的高成长带来的收益，如果公司上市，投资者就会因为持有股票而获得巨额的投资回报。

可见，中小企业集合可转债的价值包含作为普通债券的价值和作为期权价值两部分。

7.1　中小企业集合可转债定价原理

7.1.1　B—S 模型选择的理论依据

由于可转债具有债权和期权的双重属性，其相对于普通债券和普通股票具有较大的优势，关于可转债定价的研究就成为中外学者研究的热点，1977 年，Brennan 和 Schwartz 最早根据可转债的双重属性提出将期权方法运用于可转债定价，并将可转债的价值分为普通债券与期权价值；随后在 1978 年，布莱克—斯科尔斯根据差分方程的计算过程对可转债的定价提出了有限差分定价方法；1979 年，Cox、Ross 和 Rubinstein 运用风险中性理论和数值方法建立了二叉树定价模型；2001 年，Longstaff 和 Schwartz 提出用最小二乘蒙特卡罗模拟法对可转债进行定价。2007 年，Manuel Ammann 和 Axel Kind 利用最小二乘蒙特卡罗模拟法对美国可转债进行了实证定价分析，结果比实际市场价格平均高出 0.36%。2006 年，庄新田、周玲春通过对可转债定价影响因素进行分析，认为被测对象的信用风险、利率期限结构是重要的影响因素，提出了以股价和利率为标的变量的双因素二叉树定价模型；同年，张国永等也参照 B—S 模型提出了基于信用风险的 B—S 定价模型；2006 年，于孝建在详细研究了单因素定价模型和利率模型的时间分段均值后，提出了可转债定价改进模型；2007 年，张江红、杨善朝在考虑可转债的复杂条款以及发行者的违约风险下，构建了三叉树定价模型。

从国内外对可转债的定价研究分析可以看出，由于我国可转债发行条款中的严格规定，而且对于可转债价格的影响因素较多，很显然二叉树及有限差分方法很难解决这些问题，从而难以对可转债进行合理定价；而运用最小二乘蒙特卡罗模拟法，由于我国可转债所隐含的各期权价值之间、期权与债券部分价值之间的相互影响等问题很难进行计量，所以最小二乘蒙特卡罗模拟法基于现金流贴现思想很难实现计算。而其他大部分模型均假设在风险中性条件下标的资产的波动率、无风险利率为常数，和我国资本市场及时变化的现状不相符，所以计量的结果实效性太差，不能用来作为我国可转债的定价依据。

与上述方法相比，本节所采用的 B—S 模型定价法具有较大的优势：第一，充分考虑可转债债权和期权的双重属性，将可转债的价值分为普通债券的价值和期权的价值，计算的思想更加简洁明了。第二，B—S 模型充分考虑了市场的动态变化情况，计算包括发债企业的资产现行市场价格、期权的行权价格、无风险利率、期权到期日、现在的时间以及企业的资产价格波动率，所以计算的结果更加符合实际情况，更加准确，所以本节选择 B—S 模型作为中小企业集合可转债的定价模型。

7.1.2 中小企业集合可转债债券部分价值的确定

中小企业集合可转债如果不行权仅作为普通债券，具有债券的投资价值，被称为债券的纯粹价值（Straight Value），普通债券的价值就是持有债券期间所获得的债息收入的贴现值和最后偿还本金的贴现值。用公式表示如下：

$$B = \sum_{i=1}^{n} \frac{I}{(1 + R_M)^i} + \frac{F}{(1 + R_M)^n} \qquad (7-1)$$

其中，F 表示债券的面值，即债券到期偿付的本金；I 表示债券的年息收入，即债券的面值和债券的票面年息利率的乘积；R_M 表示债券发行时的市场利率；n 表示债券的期限；i 表示债券付息的期数。

7.1.3 B—S 模型对中小企业集合可转债期权部分的定价分析

随着期权诞生以来，中外学者展开了对于期权定价理论和模型的研究，美国学者 Fisher Black 和 Myron Scholes 提出了著名的布莱克—斯科尔斯期权定价模型（简称 B—S 模型）。B—S 模型建立在一系列假设和推导的基础上，下面详细对 B—S 模型进行分析。

（1）股价运动的微分方程：

$$\frac{dS}{S} = \mu dt + \sigma_p dz, dz = \varepsilon \sqrt{dt} \qquad (7-2)$$

$\frac{dS}{S}$：股票的瞬间收益率

μ：股票的期望收益率

σ_p：股价收益率的标准差

其中对于 σ_p 的计算为：

①观测股票的历史价格数据 $S_0, S_1, \cdots, S_n$，观察时间的间隔为 t，t 可以是以日、周、月、年为单位。

②计算每期股票的相对收益率：$u = \ln \frac{S_i}{S_{i-1}}$（其中 $i=1$，…，n）

③计算股价收益率的标准差 s，$s = \sqrt{\frac{1}{n}\sum_{i=1}^{n}(u_i - \bar{u})^2}$（其中 $i=1$，…，n）

④计算股价收益率的估计 $\hat{\sigma}_p$，并且用股价收益率的估计代替股价收益率的标准差 $\hat{\sigma}_p$ 计算。$\sigma_p = \hat{\sigma}_p = s\sqrt{\frac{T}{t}}$（$T$ 为一年股票价

格的天数，一般股票交易的天数为242天左右）

如果 s 是以日股价计算的则：$\sigma_p = \hat{\sigma}_p = s\sqrt{242}$

如果 s 是以周股价计算的则：$\sigma_p = \hat{\sigma}_p = s\sqrt{48}$（股票实际交易的周数为48周左右）

如果 s 是以月股价计算的则：$\sigma_p = \hat{\sigma}_p = s\sqrt{12}$

（2）伊藤引理

由于期权价格是其标的资产股票价格和时间的函数，所以可以运用伊藤引理来推导期权价格的函数。

由伊藤引理可知，如果随机变量 x 遵循伊藤过程，则：

$$dx = a(x,t)dt + b(x,t)dz \tag{7-3}$$

那么 $G(x,t)$ 将遵循以下的伊藤运动过程：

$$dG = \left(\frac{\partial G}{\partial x}a + \frac{\partial G}{\partial t} + \frac{1}{2}\frac{\partial^2 G}{\partial x^2}b^2\right)dt + \frac{\partial G}{\partial x}bdz \tag{7-4}$$

由于股价的运动也是一种简单的伊藤过程，

$$dS = \mu Sdt + \sigma_p Sdz, dz = \varepsilon\sqrt{dt} \tag{7-5}$$

所以以股票作为标的资产的期权价格 $f(S,t)$ 也符合伊藤引理，由伊藤引理可得：

$$df = \left(\frac{\partial f}{\partial S}\mu S + \frac{\partial f}{\partial t} + \frac{1}{2}\frac{\partial^2 f}{\partial S^2}\sigma_p{}^2 S^2\right)dt + \frac{\partial f}{\partial S}\sigma_p Sdz \tag{7-6}$$

（3）B—S模型的微分方程

B—S模型是建立在一系列假设的基础上的，B—S模型的假设：

①股票的价格分布是正态分布，也就是股票的收益率是呈现正态分布的。

②无摩擦市场的假设，也就是股票交易过程中不会产生交易

费用和税收等，而且所有的证券都是高度可分的。

③在期权的有效期内无风险利率是不变的，而且影响金融资产价格的变量也是不变的。

④不存在无风险套利的机会，而且股票的交易是持续性的，不存在股价的跳跃性现象。

⑤投资者能够以相同的无风险利率进行借款或贷款，而且在整个期权到期时间内无风险利率都是不变的。

⑥该期权是欧式期权

由上面的分析可知股价和期权的微分方程如下所示：

$$\mathrm{d}S = \mu S\mathrm{d}t + \sigma_p S\mathrm{d}z, \mathrm{d}z = \varepsilon\sqrt{\mathrm{d}t}$$

$$\mathrm{d}f = \left(\frac{\partial f}{\partial S}\mu S + \frac{\partial f}{\partial t} + \frac{1}{2}\frac{\partial^2 f}{\partial S^2}\sigma_p{}^2 S^2\right)\mathrm{d}t + \frac{\partial f}{\partial S}\sigma_p S\mathrm{d}z$$

根据风险中性定价的原则，为了消除风险和不确定性，可以构造如下投资组合：

期权：-1；股票：$+\dfrac{\partial f}{\partial S}$

则投资组合的价值为：$\prod = -f + \dfrac{\partial f}{\partial S}S$　　(7-7)

两边同时取微分就得到：

$$\mathrm{d}\prod = -\mathrm{d}f + \frac{\partial f}{\partial S}\mathrm{d}S = -\left(\frac{\partial f}{\partial t} + \frac{1}{2}\frac{\partial^2 f}{\partial S^2}\sigma_p{}^2 S^2\right)\mathrm{d}t \quad (7-8)$$

可以看出，投资组合价值的变动只是与时间的变动 $\mathrm{d}t$ 相关，这样该投资组合就成功消除了 $\mathrm{d}z$ 带来的不确定性影响。

再根据无套利的假设，所以投资组合的收益应该就等于无风险利率 r，因此：

$$\mathrm{d}\prod = r\prod\mathrm{d}t \quad (7-9)$$

$$-\left(\frac{\partial f}{\partial t}+\frac{1}{2}\frac{\partial^2 f}{\partial S^2}\sigma_p{}^2S^2\right)\mathrm{d}t = r\left(-f+\frac{\partial f}{\partial S}S\right)\mathrm{d}t \qquad (7-10)$$

移项合并同类项就可以得到：

$$rf = \frac{\partial f}{\partial t} + rS\frac{\partial f}{\partial S} + \frac{1}{2}\frac{\partial^2 f}{\partial S^2}\sigma_p{}^2S^2 \qquad (7-11)$$

这就是著名的 B—S 模型的微分方程。

而期权的价格是由期权的微分方程的边界条件决定的，由于 B—S 模型的假设是看涨期权，其微分方程的边界条件如下所示：

$$C(0,t) = 0 \qquad (7-12)$$

$$C(S_T,T) = \max(S_T-K,0) \qquad (7-13)$$

从 B—S 模型的微分方程和 B—S 模型的边界条件可以看出，$C(S,t)$ 与 S、T、t、r、σ_p 以及 K 相关，而和股票的期望收益率 μ 无关，这也就是说欧式看涨期权的价格和投资者的风险偏好是无关的。所以在对欧式期权定价时可以假定投资者都是风险中性的，就是投资者对所承担的风险不要求额外的回报，所有证券的期望收益等于无风险利率。

设无风险利率为 r，则有 $\mathrm{d}S = \mu S\mathrm{d}t + \sigma_p S\mathrm{d}z$，

那么欧式期权到期的期望收益为：$E[\max(S_T-K,0)]$

将该欧式期权到期的期望收益用无风险利率折现得到：

$$C(S_T,T) = \mathrm{e}^{-r(T-t)}E[\max(S_T-K,0)] \qquad (7-14)$$

这样就得到我们所熟知的 Black－Scholes 期权定价模型。

$$C(S,T) = SN(d_1) - K\mathrm{e}^{-r(T-t)}N(d_2) \qquad (7-15)$$

$$d_1 = \frac{\ln(S/K) + (T-\mathrm{t})(r+\sigma_p^2/2)}{\sigma_p\sqrt{T-\mathrm{t}}} \qquad (7-16)$$

$$d_2 = \frac{\ln(S/K) + (T - t)(r - \sigma_p^2/2)}{\sigma_p \sqrt{T - t}} = d_1 - \sigma_p \sqrt{T - t}$$

(7 - 17)

$$N(d) = \int_{-\infty}^{d} \frac{1}{\sqrt{2\pi}} e^{-x^2/2} dx \qquad (7 - 18)$$

其中，$C(S,T)$ 表示期权的买入价格，S 为发债企业的资产现行市场价格，K 为期权的行权价格，r 为无风险利率，T 为期权到期日，t 为现在的时间（因为是以现在时间为基点，所以在下面的计算中将 t 定为 0。），σ_p 为股票价格波动率，$N(\cdot)$ 表示标准累积正态分布函数。

7.2　宁波中小可转债定价实证分析

7.2.1　样本选取与数据的来源

本节以模拟的宁波中小企业集合可转债为样本，因为（荣安地产、京投发展、宁波中百、波导股份、宁波富达、宁波富邦、宁波韵升、亿晶光电、龙元建设及宏润建设）没有发行可转债，所以在现行发行可转债的企业中按照注册资本的规模大小和数据的完整性选择了 10 家企业作为指标数值设立的依据。选择的可转债为国祯转债、金禾转债、久其转债、骆驼转债、时达转债、顺昌转债、泰晶转债、特一转债、众兴转债和永东转债。其发行的可转债面值为 100 元，发行期限为 6 年，债息率数据如表 7 - 1 所示。

表7－1　　10家可转债发行的债息率

债息率 / 可转债	第1年	第2年	第3年	第4年	第5年	第6年（赎回价格）	
国祯	0.30%	0.50%	1%	1.30%	1.50%	1.80%	106
金禾	0.30%	0.50%	1%	1.30%	1.50%	1.80%	106
久其	0.30%	0.50%	1%	1.30%	1.50%	1.80%	108
骆驼	0.30%	0.50%	1%	1.30%	1.50%	1.80%	105
时达	0.30%	0.50%	1%	1.50%	1.80%	2%	106
顺昌	0.50%	0.70%	1%	1.60%	1.60%	1.60%	108
泰晶	0.40%	0.60%	1%	1.50%	1.80%	2%	108
特一	0.30%	0.50%	1%	1.30%	1.50%	1.80%	106
众兴	0.40%	0.60%	1%	1.50%	1.80%	2%	106
永东	0.50%	0.70%	1%	1.50%	1.80%	2%	108
平均值	0.36%	0.56%	1%	1.41%	1.63%	1.86%	106.7

这些债券是上市公司发行的可转债，而要模拟的中小企业集合可转债发行企业规模较小，没有在资本市场发行相应的可转债，相对来说风险较高，根据风险补偿原理，中小企业集合可转债的相应债息率和可赎回价格均会增加，设模拟的中小企业集合可转债整体发行规模50亿元，可转债的面值为100元，转股价格为20元每股，转换比率为5，发行期限6年，本书根据风险的大小分为三种情况进行研究，如表7－2所示。

表7－2　　中小企业集合可转债风险分类的债息率

年份	第一年	第二年	第三年	第四年	第五年	第六年	
风险较低债息	0.36	0.56	1	1.41	1.63	1.86	106.7
风险一般债息	1.36	1.56	2	2.41	2.63	2.86	111.7
风险较高债息	2.36	2.56	3	3.41	3.63	3.86	116.7

对于贴现率的计算：

（1）首先计算各个可转换债券的β系数。

根据 CAPM 理论，可以建立以下回归模型计算各个可转换债券的 β 系数：

$$r_i - r_f = \alpha_i + \beta_i(r_m - r_f) + \xi_i \quad (7-19)$$

其中，α_i 是截距项。

r_i 是第 i 种投资产品的每半个月收益率。

r_m 是市场收益率，这里采用的是上证每半个月的收益。

β_i 是斜率，第 i 种投资产品的风险调整系数。

r_f 是无风险收益率，以 2018 年的 1 年定期存款利率 1.75% 来度量，转化为半个月的利率为 0.00072917。

通过回归分析求得各个可转换债券的 β 系数为：

表 7-3　　10 家可转债 β 系数

转债	国祯	金禾	久其	骆驼	时达	顺昌	泰晶	特一	众兴	永东
β 系数	0.528	0.587	0.115	0.31	0.304	0.207	0.223	0.346	0.347	0.229

（2）计算中小企业集合可转债的 β 系数。

因为中小企业集合可转债是虚拟的，没有实际运行的数据采集，所以本书根据这些可转债的发行规模作为其发行的比例来确定中小企业集合可转债的 β 系数。

7-4　　中小企业集合可转债 β 系数计算

转债	国祯	金禾	久其	骆驼	时达	顺昌	泰晶	特一	众兴	永东
β 系数	0.528	0.587	0.115	0.31	0.304	0.207	0.223	0.346	0.347	0.229
规模（亿元）	5.97	6	7.8	7.17	8.825	5.1	2.15	3.54	9.2	3.4
比例	0.101	0.101	0.132	0.121	0.149	0.086	0.036	0.060	0.156	0.057
集合 β 系数	0.329									

（3）计算中小企业集合可转债的收益率。

根据 CAPM 理论，$r_i = r_f + \beta_i(r_m - r_f)$，其中 r_f 是无风险收益率，以 2018 年的 1 年定期存款利率 1.75% 度量，β 系数为 0.329，

r_m 是市场收益率，以上证市场年收益率来度量，本书采集上证市场10年的收益率（2008—2017年），取其平均值7.59%，计算得收益率 $r_i = 3.67\%$。

所以，本书以3.67%作为中小企业集合可转债的贴现率。

7.2.2 宁波中小可转债的债券价值计算

在考虑赎回条款的情况下，通过对“宁波中小企业集合可转债”每年收益进行折现，可以计算出“宁波中小企业集合可转债”的债券价值，本书以风险一般情况为例来计算，其具体的计算结果如表7-5所示。

表7-5　“宁波中小企业集合可转债”的债券价值计算

年份	第一年	第二年	第三年	第四年	第五年	第六年	
各年债息率	1.36%	1.56%	2%	2.41%	2.63%	2.86%	
各年债息	1.36	1.56	2	2.41	2.63	2.86	111.7
债息现值	1.3119	1.4515	1.7950	2.0864	2.1963	94.0053	
债券价值	102.8464						

7.2.3 宁波中小可转债的期权价值计算

因为“宁波中小企业集合可转债”是虚拟的，没有实际运营，也没有相应的中小企业集合股票，所以本书参考发行可转债的上市企业股票价格，股票价格 S 设为18，转股价格为20，根据前面对发债企业的风险测量结果，设定其对应一年的股票价格的波动率为30%（以前面计算的10家企业股票价格的年波动率的平均数作为参考依据），利率为3.67%，因为可转债的发行期限为6年，所以 $T-t=6$，则“宁波中小企业可转债”的期权价值计算如下：

$$d_1=\frac{\ln(S/K)+(T-\mathrm{t})(r+\sigma^2/2)}{\sigma\sqrt{T-\mathrm{t}}}$$

$$=\frac{\ln(18/20)+(3.67\%+0.3^2/2)\times 6}{0.30\times\sqrt{6}}=0.5237;$$

$d_2=d_1-\sigma\sqrt{T-t}=0.5237-0.3\times\sqrt{6}=-0.2112$，查正态函数分布表可以得到：

$N(d_1)=N(0.5237)=0.70$；$N(d_2)=N(-0.2112)=0.4168$，

所以可以得出一年的“宁波中小企业集合可转债”的期权价值：$C(S,T)=SN(d_1)-K\mathrm{e}^{-r(T-t)}N(d_2)=18\times 0.70-20\times\mathrm{e}^{-0.0367\times 6}\times 0.4168=5.9115$，所以“宁波中小企业集合可转债”的期权总价值为：$5.9115\times 6=35.4692$。因此，“宁波中小企业集合可转债”的定价 = 普通债券的价值 + 作为期权价值 = 97.9530 + 35.4692 = 133.4222。同理，在风险较小的情况下“宁波中小企业集合可转债”的定价 = 普通债券的价值 + 作为期权价值 = 90.2977 + 35.4692 = 125.7669，在风险较高的情况下，“宁波中小企业集合可转债”的定价 = 普通债券的价值 + 作为期权价值 = 107.3398 + 35.4692 = 142.809。

这个定价高于其发行的价格100元，差额达到25～43元，其主要原因是中小企业集合可转债的发行为了能够吸引足够多的投资者，顺利完成为中小企业募集资金的任务。如果定价过低，则不能吸引更多的投资者，不能为中小企业募集足够资金支持中小企业发展，可见，中小企业集合可转债的定价十分重要，不仅是企业发行集合可转债的理论依据，也是投资者作出投资决策的基础，只有中小企业集合可转债的供需双方对集合可转债的价值进行合理评估，通过双方的博弈，才能形成真正体现双方利益的合理价格，有利于中小企业集合可转债的顺利发行，为投资者和中小企业获得双赢的结局，促进证券市场的健康发展。

7.3 宁波中小可转债定价结果分析

通过上面的实证分析，我们发现，影响中小企业集合可转债价格的主要有以下几个因素。

（1）发行价格、债息率和贴现率

中小企业集合可转债的发行价格、债息率和贴现率是影响其作为债券价值的重要因素，从上面的实证分析可以看出，中小企业集合可转债的发行价格越高，债息率越高，贴现率越低，中小企业集合可转债的债券价值就会越高，反之，则会越低。

（2）股票的市场价格和转股价格的差额

股票的市场价格和转股价格是影响中小企业集合可转债作为期权价值的重要因素，两者之间的差额决定了其期权价值的大小，两者之间的差额越大，期权价值越小，差额越小，期权价值越大。

（3）行权期限和股票价格的波动率

行权期限指期权剩余的有效行权时间，从上面的实证分析可以看出行权期限越长，期权的价值就越大，行权期限越短，期权的价值就越小。股票价格的波动率是衡量股价波动的重要指标，较大的股价波动率意味着股价低于或者高于转换价格的可能性增大，当股价高于行权价格时，可行使转换权获得较大利益，当股价低于转换价格，不行使转换权，只是作为债券持有，可见，股价的波动率和行权期限越大，期权价值就越大。

（4）无风险利率

当利率升高时，股票的价格就会相应地上涨，这就增加了买入期权的价值，但是买入中小企业集合可转债的债息由于贴现率的上涨而导致其贴现值的降低，这又降低了期权的价值。研究表明，对于买入期权来说，利率上涨带来股价上涨引起的期权价值的增加一般大于利率上涨带来债息贴现值减少而引起的期权价值的减少。所以，无风险利率上升会导致股权价值增长。

7.4　本章小结

为了能够进一步化解中小企业集合可转债的发行风险，本章运用 B—S 模型对中小企业集合可转债做定价研究，发现中小企业集合可转债的价格主要受到发行价格、债息率、贴现率、无风险利率、股票的市场价格和转股价格的差额以及行权期限和股票价格的波动率这些因素的影响。从实证研究可以得到，中小企业集合可转债的发行价格越高，债息率越高，贴现率越低，其债券价值就会越高，反之，则会越低；股票的市场价格和转股价格的差额越大，期权价值越小，差额越小，期权价值越大；股价的波动率和行权期限越大，期权价值就越大，反之亦然；无风险利率和股权价值呈现同比关系。中小企业集合可转债的定价不仅是企业发行集合可转债的理论依据，也是投资者作出投资决策的基础，只有中小企业集合可转债的供需双方对集合可转债的价值进行合理评估，通过双方的博弈，才能形成真正体现双方利益的合理价格，保证中小企业集合可转债的顺利发行，促进证券市场的健康发展。

第八章　中小企业集合可转债工具创新实施建议

本书提出的中小企业集合可转债作为中小企业的直接融资工具创新产品，是借鉴中小企业集合债券的经验提出的，以中小企业集合可转债作为重点分析对象，然后推广到中小企业集合股票。结合前面章节的研究分析，在第五章提出了中小企业集合可转债工具创新，阐述了中小企业集合可转债的运作流程，并详细分析了中小企业集合可转债主要关系方利益；在第六章采用模糊 DEA 法分析了中小企业主要融资工具融资效率；在第七章首先运用 KMV 模型对中小企业集合可转债的发债企业融资风险做了测量，然后运用 T—Copula 函数对中小企业集合可转债的发债主体结构进行了优化，确定了最优发债比例；在第八章运用 B—S 模型对中小企业集合可转债进行定价研究。基于以上的结论，本章将从中小企业自身、政府、市场、中介机构等方面提出中小企业集合可转债工具创新实施建议。

8.1　中小企业自身的角度

8.1.1　构建好中小企业集合

中小企业集合可转债的发行主体不是一家企业而是多家中小

企业联合起来集体发行，因此如何选择中小企业，确定多少中小企业组成中小企业集合能使中小企业集合可转债的融资风险最小，融资效率更高？这是中小企业集合可转债发行成功的关键，应该考虑以下影响因素。

（1）对中小企业的选择

选择适合的中小企业，组成有效的中小企业集合是成功发行中小企业集合可转债的保证，应考虑以下因素：

①行业的相关性

行业的相关性是指组成中小企业集合中各个企业所处行业之间的联系的紧密程度。从第七章的实证分析中可知，如果组成中小企业集合的中小企业属于同一行业，则该行业的风险将直接影响中小企业集合的风险，风险较为集中，所受到影响程度较大。如果组成中小企业集合的中小企业属于完全不相关的行业，则这个中小企业集合将受这几个行业的影响，风险将会分散，融资风险相对较小。因此，行业的相关性不利于中小企业集合可转债和中小企业集合股票的发展，因此选择相关性较差的行业中的中小企业组成中小企业集合能够让中小企业集合可转债和中小企业集合股票的融资效率更高。

②企业间的相关性

企业之间的相关性是指企业在生产、技术、销售、原材料供应等业务往来方面是否联系紧密。如果中小企业集合中的各个企业之间业务往来联系紧密，这样有利于企业之间产生协同效应，促进企业之间相互学习，提高企业的生产管理水平，提高资金的利用效率，并且还能促进其技术合作，进行产品的技术创新，降低产品的生产成本，提高产品的竞争力，增加企业的盈利，从而可以降低整个中小企业集合的融资风险，提升其融资效率。可见，企业间的相关性有利于提升中小企业集合可转债和中小企业集合股票的融资效率。

③企业间的差异性

企业间的差异性指企业在资产规模、财务状况、资信等级、发展潜力、盈利状况等方面存在的差别。从第五章、第七章的实证分析中可知，企业间的差异性可以使企业间实现优势互补，扬长避短，能够较好提升中小企业集合的整体融资效率。可见，企业间的差异性有利于提高中小企业集合可转债和中小企业集合股票的融资效率。

（2）适当增加“中小企业集合”中的企业数目

增加中小企业集合中的企业数目，发行企业数量的增加会大大降低中小企业集合的整体风险。此外，由于中小企业集合中的企业数量加大，会导致单个企业在各个环节发行费用的分摊费用降低，将极大地降低发行企业的发行成本，提高整个“中小企业集合”的融资效率。

8.1.2 中小企业集合可转债的定价

中小企业集合可转债的定价是否合理，将会决定能否吸引广大的投资者，从而影响到中小企业能否通过中小企业集合可转债为中小企业募集到充裕的资金来促进中小企业的健康发展。对于中小企业集合可转债来说，定价的影响因素主要包括可转债的发行价格、债息、贴现率、发行期限、市场利率、股价波动率、股价和转股价格的差额等。本书第八章的实证分析结果表明，中小企业集合可转债的价格和可转债的发行价格、债息、发行期限、市场利率、股价波动率成正比，而和贴现率、股价和转股价格的差额成反比。对于中小企业集合股票来说，其价格受到发行企业的风险水平、市场利率、无风险利率、贴现率等多种因素的影响，根据 CAPM 资产定价理论可知，股票的收益率和发行企业的风险水平、市场利率、无风险利率成正比，而和贴现率成反比。中小企业集合可转债作为金融创新产品，其定价不仅反映其自身价值，还决定企业的发行成本，对其在市场的表现产生重大的影响。因此，我们对中小企业集合可转债进行定价时，需要结合中小企业集合可转债的特性和我国资本市场的特殊性，为中小企业集合可转债进行合理定价，不仅使得发行企业能够成功融资，而且也能够使投资者获取合理的回报，从而使中小企业集合可转债能够顺利发行，为中小企业开辟新的融资渠道，促进中小企业的良性发展。

8.1.3　中小企业集合可转债的信用增级

中小企业集合可转债能否成功发行的关键就是对其进行信用增级，减少其发行的风险，降低其筹资成本。为了对中小企业集合可转债的信用增级，保证其成功发行，可以采取以下方式进行信用增级。

（1）改善中小企业自身资信状况

首先，中小企业的相关信息应该及时公开披露。这样有利于投资者和担保机构了解企业的真实状况，为他们进行投资和担保决策提供重要的参考依据。其次，提高中小企业的自身资信能力。中小企业应该积极学习先进技术和管理经验，提升生产管理水平，进行产品的技术创新，降低产品的生产成本，提高产品的竞争力，增加企业的盈利，增强中小企业自身的资信能力。最后，建立动态的中小企业集合管理体系。有效控制发债企业的信用风险，将经营不佳、违约风险高的中小企业剔除中小企业集合，并适时引入新的低风险中小企业。

（2）对内部增信方法创新

为了能够增强对广大投资者的吸引力，还可以尝试将现金储备账户、超额抵押、担保投资基金和直接追索权等内部信用增级方法运用到中小企业集合可转债的发行过程中，增强中小企业的信用等级，以满足不同发行主体的需求，保证发行成功。

（3）联合多个担保单位进行担保

由于中小企业集合可转债是多家中小企业联合起来统一发行，筹集资金的金额相对较大，如果只有一家担保公司实施担保，不仅对该担保公司产生较大的压力，而且也不利于担保风险的分散，而几家担保公司联合起来担保，无疑减轻了担保公司承受的压力，分散了担保的风险，有利于中小企业集合可转债的成功发行。

（4）政府参与担保

由于政府的公信力较强，由政府出资的担保中心为中小企业集合可转债进行担保，无疑会大大对其信用增级，减少其发行的风险，中小企业集合可转债对于投资者的吸引力大大增强，保证了中小企业集合可转债的成功发行，有力地促进了中小企业的发展。

（5）向保险公司投保

为保护投资人的利益，减少发行风险，中小企业通过向专业保险公司投保的方式来进行信用增级。通过这种方式，中小企业集合可转债的信用将会有较大的增级，有力地保障了投资人的权利，为中小企业集合可转债的顺利发行提供了保证。

（6）大型国企和金融机构进行担保

大型国企和金融机构由于规模较大、资金雄厚，由它们对中小企业集合可转债发行进行担保，将会较大程度对其信用进行增级，有利于中小企业集合可转债的发行，为中小企业筹集充裕的资金，支持中小企业的发展。

（7）其他担保

主要是以企业自行出资成立的担保公司和市场化的担保机构进行统一担保，为中小企业进行信用增级，降低发行风险，保障中小企业集合可转债顺利发行。

（8）借鉴 P—CBO 的分层设计分担风险

首先对中小企业集合可转债的各个企业进行信用评级，按照信用评级的高低将其标的资产分为大部分为优先级、少部分为中级和次级可转债或股票。优先级可转债或股票面向广大投资者发行，而中级可转债或股票由中小企业或第三方中介机构持有，次级可转债或股票由政府出资成立的担保公司持有。可转债的本息偿付顺序是优先级最先获得偿付，其次是中级，最后为次级。这样大部分中小企业可转债提升了信用级别，达到了投资级别，为广大投资者所接受，提高了中小企业集合可转债的融资效率。

8.2　政府的角度

8.2.1　出台相应的法律法规

由于我国资本市场发展的时间较短，针对中小企业融资方面的法律法规国家出台的相对较少。2007年，国家颁布了《公司债券发行试点办法》，只是为我国的企业债提供了基本可操作框架。我国的《证券法》则是完全是针对大型企业的，对大企业发行债券的条件做了详细的说明，但是这些条件对于中小企业来说并不适用，所以我国应尽快出台适合中小企业发行中小企业集合可转债和中小企业集合股票的相关法律法规，这样才能保护投资人的利益，降低投资风险，又能为中小企业确立发行这些融资工具的法律依据。

中小企业集合可转债作为专门针对中小企业特有的直接融资创新工具，其中相关的利益主体较多，涉及中小企业、政府有关部门、银行、券商、评级公司、担保机构等多方利益，如何界定它们之间的关系，进行利益分配，亟须国家制定相应的法律法规来确立，明确其所分担的职责和享有的权利。只有尽快出台相应的法律法规，才能保证中小企业集合可转债的成功发行，促进其健康发展。

8.2.2 建立完善的中小企业信用体系

中小企业一个重要的特点就是信息不公开，这就导致了中小企业集合可转债的供需双方信息不对称。一般来说，中小企业对自身的信息状况较为了解，而投资者由于中小企业的信息不公开对中小企业的信息状况往往了解不够充分，这会大大影响投资者作出的投资决策。可见，建立完善的中小企业信用体系，对于中小企业和投资者都具有重要影响。

完善的中小企业信用体系能够反映中小企业真实状况。对投资者来说，可以获得对于中小企业的客观评估，有利于投资者作出正确的投资决策，提高了投资的安全性和收益性；对于中小企业来说，有利于增加对投资者的吸引力，降低了筹资费用，有利于中小企业集合可转债的发行。通过建立完善的中小企业信用体系，投资者对企业规模、企业销售及盈余的稳定性、企业技术水平和产品质量、企业的竞争能力等方面都有了真实的了解，大大降低了中小企业与投资者之间的信息不对称，不仅使投资者由于发生误判出现投资决策失误的现象大大减少，而且极大增强了对投资者的吸引力，为中小企业集合可转债的成功发行奠定了基础，从而较大程度地降低了中小企业的发行成本，为中小企业的发展提供了强有力的支持。

8.2.3　政府的合理引导

由于我国政府有较强的公信力，政府的参与往往使得中小企业集合可转债的发行能够较为顺利。从历次中小企业集合债券成功发行的经验来看，政府在中小企业集合债券的发行过程中起到了重要作用。可见，政府的参与为中小企业集合可转债的发行提供了强有力的保障，增强了其对投资者的吸引力，促进了其成功发行。但是，政府作为政策的制定者，不宜过多参与中小企业集合可转债发行，否则就会大大扰乱市场配置资源的能力，不利于资源的最优配置，对社会经济资源运用效率的发挥产生严重的影响。政府应进行宏观调控，以市场调节为主，合理引导资源的配置。因此政府应该充当协调者或引导员的角色，对中小企业集合可转债进行合理的引导，充分发挥市场调节的主导作用，推动中小企业集合可转债的成功发行。

8.2.4 构建相应的风险管理体系

降低风险是中小企业集合可转债发行成功的关键，其发行后将面临各种风险，因此需要构建相应的风险管理体系，对其进行有效的风险管控。借鉴中小企业集合债券的经验，中小企业集合可转债发行之后除了要面临政策变化风险、行业风险、法律制度风险、经济环境变化所引起的风险，还将面临以下风险。

（1）发行风险，是指中小企业集合可转债在发行融资过程中，由于某些原因发行失败从而导致集合中其他企业利益受损的风险，发行风险的影响因素主要包括集合中企业的实力及其组合、定价、信用增级的程度、信息的对称性等因素。

（2）资金使用风险，指的是中小企业运用资金失当造成投资者利益受损的风险。资金使用风险往往与企业的债务规模、资金的运营管理能力、市场的利率变动、政策的变更等多种因素相关。

（3）利率风险，由于现在实行的是浮动利率，市场利率的变动往往会使投资收益波动性较大。中小企业可转债的利率是固定的，这样对于按固定利率收取债息的投资者来说，可能会出现市场利率高于债息率的风险，同时利率的变动，会导致股票价格的波动，有可能导致股票的行权价格高于股价而使投资人遭受损失。

（4）流动性风险和信用风险，流动性风险指的是中小企业集合可转债的投资者不能及时变现或转让的风险。由于中小企业集合可转债相对来说风险较大导致流动性较差，所以投资人持有的中小企业集合可转债难以变现。而信用风险是指中小企业由于违约而给投资者带来的风险。

我国政府对资本市场的监管不严，屡屡出现一些违规事件，给我国资本市场的发展产生了不良的影响，严重影响了我国资本市场健康发展。而且，对于上述中小企业集合可转债面临的种种风险，亟须建立相应的风险管理体系，为中小企业集合可转债的健康快速发展提供保障，增强其信用，促进中小企业集合可转债的顺利发行。

8.3　市场的角度

中小企业集合可转债作为专门针对中小企业的融资创新工具，只有为其创造良好的市场环境，选择适合的市场机制，才能促进其健康有序地发展。

8.3.1　市场交易机制选择

中小企业集合债券采用的市场交易机制主要是询价制和交易所制。另外，银行间做市商制的债券交易制已经成为今后的发展趋势。做市商是指具备一定实力和信誉的独立证券经营法人作为特许交易商在证券市场上不断向公众投资者报出某些特定证券的买卖价格，双向报价并在该价位上接受公众投资者的买卖要求，以其自有资金和证券与投资者进行证券交易。做市商通过自有资金和证券不断买卖来满足公众投资者的投资需求，从而维持市场的流动性。做市商的利润和服务的成本费用的补偿是通过买卖报价的适当差额来实现的。可见，做市商通过不断向公众投资人报价从而长期跟踪证券价格的变化，运用专业知识对证券的价格作出正确判断，从而为公众投资人提供最有参考的报价，从这个方面来说，做市商具有定价的作用。此外，做市商还具有让市场流动性增强的作用，做市商能够不断双向报价满足公众投资人的投资需求，有利于推动市场不熟悉的证券的发行，降低证券发行成本，促进大宗交易的达成。做市商为中小企业集合可转债提供连续报价，增强了其流动性，同时也可以缓解价格波动给中小企业集合可转债带来的冲击，减小了其波动性。

8.3.2 监督规范发行程序

中国资本市场经过多年的发展，已经逐渐形成了一套日趋成熟有效的发行程序，为了降低中小企业集合可转债的发行风险，对于中小企业集合可转债的发行可以参考目前的企业债券审批核准的发行方式，在中介机构协助下，债券发行的主管部门按照发行的额度规模限制对中小企业集合可转债进行逐个注册核准。为了降低和控制中小企业集合可转债的发行成本，必须有完善的监督制约机制和相关的监督机构。

8.3.3 规范信息披露机制

我国资本市场目前还存在着监管不严、监管不到位的现象，尤其是对企业的信息披露不全面，而且我国债券的信息披露大部分还停留在发行时期，缺乏动态信息披露，不能及时更新投资风险信息。对于中小企业来说，这个现象更加突出，对于投资人来说，由于信息缺乏发生决策失误而导致利益受损的概率会比较高。因此，加强信息的公开化，规范信息的披露机制有利于中小企业集合可转债顺利发行。所以应及时披露信息，供证券投资者参考。

8.3.4　培育资本市场和投资主体

首先要为中小企业集合可转换债和中小企业集合股票的发行提供良好的发行和交易场所。长期以来，我国股票市场相对发达、债券市场不够发达，市场体系也不完善，没有建立起多层次的市场融资体系，集中交易的交易所市场主要包括沪深市场、中小企业板市场和创业板市场，而场外交易市场很欠缺。对于中小企业可转债而言，一方面，应充分利用资本市场的市场资源和技术条件，协助中小企业集合可转换债和中小企业集合股票的发行，利用其交易系统接纳中小企业集合可转换债和中小企业集合股票上市，并与发行人公司相配合，方便投资者行使股权转换和进行直接的股权投资。另一方面，积极建立场外的发行和交易场所。可以借鉴开放式基金的代理申购、赎回操作模式，借助中小银行系统代为发行和挂牌转让。

为了适应中小企业集合可转换债和中小企业集合股票的发展，国家应多发展庞大的机构投资者，建立专门以中小企业集合可转换债和中小企业集合股票为投资对象的基金。例如，建立以中小企业集合可转换债和中小企业集合股票本身作为投资对象的基金，如可转债基金、可转换共同基金、中小企业集合股票共同基金；还可以建立专门将可转换债券作为期权工具的基金，如可转债对冲基金、可转债套利基金等。

总的来说，我国资本市场仍以中小散户居多，机构投资者相对较少，导致债券市场的投入资金难以与融资规模匹配，交易市场不够活跃，甚至出现有价无市的情况，而在股票市场，由于散户太多，机构投资者相对较少，股价的波动太大，股价没有真实反映企业的价值。可见，由于缺乏机构投资者的大量参与严重影响了资本市场的吸引力，妨碍了中小企业集合可转换债和中小企业集合股票后续发展。要促进中小企业集合可转换债和中小企业集合股票的发展，就必须积极引导大机构，特别是投资基金进入到投资者行列。

8.4　中介机构的角度

8.4.1　加快中介机构的发展

借鉴中小企业集合债券的发行经验，中小企业集合可转债应该以银行或证券机构作为承销商，由担保机构担保，评级机构、会计师事务所、律师事务所等中介机构参与，并对中小企业进行筛选和辅导以满足发行条件。因此其所涉及的中介机构较多。中介机构的专业水平对中小企业集合可转债的成功发行具有较大的影响。因此需要培育建设出更多具有较强实力、有较高专业水平中介机构，这样才能帮助更多的优质中小企业，通过中小企业集合可转债在资本市场上募集充裕的资金，促进中小企业健康快速地发展。

8.4.2　设计好中小企业与中介机构的条款

中小企业集合可转债的成功发行需要较多的中介机构参与，中介机构的专业水平对中小企业集合可转债的成功发行具有较大的影响。可见，设计好中小企业与中介机构的条款不仅影响中小企业集合可转债的成功发行，而且还会影响企业付给中介机构的各项费用，从而影响企业的融资成本。担保机构与各个中小企业之间的担保条款，将会对企业的融资成本产生重大的影响。如果中小企业之间差异较大，担保机构与各个中小企业之间的担保条款设计也将不同。其条款的重点体现在担保费率和担保方式设定两个方面。

（1）担保费率是指担保机构为企业提供担保服务所收取的报酬。这个报酬一方面体现了担保机构为中小企业授信的成本，另一方面体现了担保机构对中小企业提供担保服务而承担风险的风险回报。因此，使得中小企业的融资成本和担保机构的风险均达到最小化就成了担保费率合理设定的关键问题。

（2）担保方式。担保具有法律效力，当债务人不履行合同或不适当履行合同时，债权人有权直接从债务人或担保人处获得某种补救，以弥补债权人受到的损失。担保形式按照所提供的担保品不同，可分为抵押（包括不动产抵押和动产抵押）、质押（包括动产质押和权利质押）、定金等。当发生违约情况时，可以通过上述方式获得补偿。

可见，对于投资资者而言，只有将中小企业与中介机构之间的这些条款设计好，才能增强中小企业集合可转债对投资者的吸引力，才能有效降低中小企业的融资成本，吸引更多的企业采用中小企业集合可转债进行融资。

8.5 本章小结

本章基于前几章的实证分析结果，结合中小企业集合可转债的特性，分别从中小企业自身的角度、政府的角度、市场的角度、中介机构的角度探讨中小企业集合可转债的发行，并给出了一些相关建议，希望能够为中小企业集合可转债的成功发行提供借鉴参考。

第九章　研究结论和展望

9.1　研究结论

中小企业是国家经济发展的基础，中小企业对于增加就业、繁荣经济、稳定经济发展、提高人民生活水平有着重要的作用，但是中小企业一直饱受资金缺乏的困扰。这既有中小企业自身的原因，也有外部原因。中小企业普遍规模小、资信差、风险高的特点也导致了中小企业融资困难，银行等金融机构出于规避风险的目的，一般不愿意为中小企业提供融资服务，资本市场的高门槛，也导致了中小企业很难达到资本市场的融资标准。中小企业融资难的现象进一步突出，已经对国民经济的健康发展产生了一定的影响。可见，拓宽中小企业的融资渠道，为中小企业提供良好的融资服务，已是现今亟须解决的问题。本书经过深入研究和详细分析，认为中小企业直接融资工具创新问题的关键就是对融资工具的风险控制和融资工具的定价进行研究。首先通过文献分析，为破解中小企业融资困境奠定理论基础，并借鉴了国外中小企业直接融资创新工具成功的经验。其次从融资效率角度对中小企业直接融资创新工具（中小企业集合可转债和中小企业集合股票）和中小企业其他主要融资模式（内部集资、银行信贷、民间借贷）做了深入的分析研究，并借鉴中小企业集合债券经验，为中小企业直接融资工具的创新提供了实践基础，再次运用了实证方法对中小企业直接融资创新工具（中小企业集合可转债）进行了融资风险测量和融资主体结构优化以及融资工具定价，最后提出中小企业直接融资工具创新建议。研究结论归纳如下：

（1）通过改进中小企业直接融资工具增信方法，可以降低中小企业直接融资工具的融资风险。现有的债券增信模式，主要是单一的外部增信方法，对中小企业直接融资工具融资风险的降低并不明显。可以通过改进现有单一的外部增信模式，变为内部和外部同时为中小企业直接融资工具增信，同时借助资产证券化技术，对中小企业直接融资工具进行资产的分层设计，降低风险，让中小企业直接融资创新工具能够更好地帮助中小企业成功融资。

（2）中小企业直接融资创新工具——中小企业集合可转债的融资效率相对较低，具有较大的提升空间。从融资效率角度对中小企业直接融资创新工具进行分析，并且运用构建的模糊 DEA 法对中小企业主要融资模式（中小企业集合可转债、中小企业集合股票、内部集资、银行信贷、民间借贷）做了深入的实证研究，发现中小企业集合可转债和中小企业集合股票的融资效率相对较低，具有较大的改进和提升空间。在分析总结新出现的中小企业融资工具——中小企业集合债券的基础上，借鉴其经验，为中小企业直接融资工具的创新提供了理论依据。

（3）通过对中小企业直接融资创新工具的融资主体结构进行优化，建立有效的中小企业集合，可以降低中小企业直接融资创新工具的融资风险。从融资的风险和融资主体结构优化以及融资工具定价的角度出发，借鉴新出现的中小企业融资工具——中小企业集合债券的经验，运用 KMV 模型对中小企业集合可转债的融资风险进行测量，运用多元 T—Copla 函数对中小企业集合可转债的主体结构进行优化，确定最优的发债比例，建立有效的中小企业集合进行发行可转债或股票，可以很好地化解中小企业直接融资工具的风险。

（4）对中小企业直接融资创新工具进行合理定价，可以有效降低中小企业直接融资创新工具的融资风险，保证中小企业直接融资创新工具的成功发行。本书通过运用 B—S 模型对中小企业集合可转债进行定价研究，合理对其定价。中小企业直接融资工具的供需双方对中小企业直接融资工具的价值进行合理评估，通过双方的博弈，才能形成真正体现双方利益的合理价格，有利于中小企业直接融资工具的顺利发行，为投资者和中小企业获得双赢的结局，促进证券市场的健康发展。从而有利于提高中小企业的融资效率，降低融资成本，并且有效控制中小企业的融资风险。为优化中小企业融资，开发多元化中小企业融资工具，保证中小企业直接融资创新工具的成功发行。

9.2　研究展望

破解中小企业的融资难题需要从中小企业内部原因和外部原因进行分析。中小企业的资产规模小、财务信用差、管理落后、资信状况低等特点导致中小企业融资难，因此中小企业应从自身做起，加大科技研发投入，提升企业的科技创新能力，提升企业的核心竞争力。转变企业的经营管理观念，建立符合现代经济发展的企业制度，提高管理效率。加强企业的内部管理，增加企业的内部资金积累，提高资金的利用效率。加强企业的信息公开，树立良好的企业形象。

从外部原因来说，这是由于中小企业缺乏良好的融资环境导致的。所以国家应从政策上对中小企业融资给予支持，出台相应的法律法规，引导社会资金和金融机构为中小企业提供融资服务。放开金融管制，建立大量的中小金融机构为中小企业提供融资服务。建立完善的社会担保体系和征信系统，为中小企业融资提供担保服务；积极引导民间资本投向中小企业，促进中小企业的发展；建立发达的资本市场，积极进行中小企业融资工具的创新，拓宽中小企业融资的渠道，为中小企业的健康发展提供资金支持。

但是对于中小企业的分析仍有较多局限性，在前述研究基础上，还有如下问题值得更进一步的研究：

（1）现有样本数据相对有限，数据的有限带来实证分析的效率降低，而且数据在收集时存在错漏现象，收集之后的继续分析研究工作受到很大影响，没有对企业数据信息进行有效的使用。

（2）因为本书所进行的是中小企业直接融资工具创新研究，没有前人对本课题的研究，也没有可以参考的对象，只有参考类似的相近的相关理论文献，对于中小企业集合可转债的实证分析，只是虚拟了一个“中小企业集合”进行分析，对于这个虚拟的“中小企业集合”中的中小企业，有待于进一步加强对中小企业的选择。

（3）对于中小企业集合可转债的风险测量，一般来说，测得的违约距离得出的发行企业违约风险高低的结论和测得的预期违约率得出的发行企业违约风险高低的结论有差异，这主要因为中国资本市场的历史数据累计工作相对滞后，目前尚未建立起完整的企业违约数据库，因此利用经验期望违约率度量准确度较差。所以，应该加强对资本市场的历史数据的累积工作，建立起完整的企业违约数据库，这样通过两个指标的计算，可以相互验证，减少判断错误。

参考文献

［1］ http：//news. 163. com/16/1223/10/C8VBDRMM00014AEE. html. 中小企业创造六成 GDP，深圳中小企业超 140 万家 . 2016 年 12 月 23 日，金羊网新闻 .

［2］ http：//news. 163. com/08/0804/02/4IFHDA640001124J. html. 上半年全国 6. 7 万家规模以上中小企业倒闭 . 网易新闻，2008 年 8 月 4 日 .

［3］ 郭同欣 . http：//paper. people. com. cn/rmrb/html/2017 - 03/29/nw. D110000renmrb _ 20170329 _ 1 - 11. html. 改革创新促进了我国就业持续扩大 . 人民日报，2017 年 3 月 29 日，第 11 版 .

［4］ http：//finance. sina. com. cn/stock/s/2017 - 04 - 26/doc - ifyepsec1412693. shtml，习近平就维护金融安全提出 6 项任务，新华社，2017 年 4 月 26 日 .

［5］ http：//www. gov. cn/premier/2017 - 05/04/content _ 5190954. htm，李克强为何一再向金融业人士推荐这本书？中国政府网，2017 年 5 月 4 日 .

［6］ http：//news. cctv. com/2018/04/17/ARTIHAD6cRbFc2F9lMm5jdY3180417. shtml，中国人民银行决定下调部分金融机构存款准备金率，央视网，2018 年 4 月 17 日 .

［7］ 陈晓红 . 关注中小企业融资［J］. 福建经济，2000（3）：34 - 34.

［8］ 成兵 . 解析中小企业融资难的成因及对策［J］. 会计之友，2006（6s）：58 - 59.

［9］ 范飞龙 . 非对称信息下中小企业融资信用信号传递模型研究［J］. 重庆大学学报（社会科学版），2002，8（6）：59 - 60.

［10］ 史本山，郭彩虹 . 中小企业投融资博弈分析［J］. 西南交通大

学学报（社会科学版），2004，5（3）：39－41.

［11］肖新军．中小企业融资的难点与对策［J］．金融理论与实践，2007（12）：51－53.

［12］李志赟．银行结构与中小企业融资［J］．经济研究，2002（6）：38－45.

［13］楚爱丽．中小企业融资难的新透视［J］．商场现代化，2006（23）：352.

［14］马方方．中国民营经济融资困境与金融制度创新［J］．经济界，2001（3）：52－54.

［15］周兆生．中小企业融资的制度分析［J］．财经问题研究，2003（5）：27－32.

［16］傅建华．上海中小企业发展战略研究［M］．上海：上海财经大学出版社，1998.

［17］李大武．中小企业融资难的原因剖析及对策选择［J］．金融研究，2001（10）：124－131.

［18］晏露蓉，赖永文，张斌，朱敢．创建合理高效的中小企业融资担保体系研究［J］．金融研究，2007（10）：152－165.

［19］张杰，尚长风．资本机构、融资渠道与中小企业融资困境——来自中国江苏的实证分析［J］．经济科学，2006（3）：35－46.

［20］安郁厚，刘海英．中小企业融资结构与影响因素［J］．理论学刊，2007，11（165）：70－72.

［21］王明华．资本形成简论［J］．经济问题，2000（12）：3－6.

［22］陈晓红，黎璞．我国中小企业资产证券化的突破模式［J］．科学学与科学技术管理，2003，24（9）：97－100.

［23］马亚军，宋林．企业融资效率及理论分析框架［J］．吉林工商学院学报，2004（2）：19－23.

［24］郑文博．论中小企业融资效率［D］．北京：中共中央党

校，2004.

［25］王新红．我国高新技术企业融资效率研究［D］．西安：西北大学，2007.

［26］王莉．我国中小企业融资方式及融资效率研究［D］．上海：华东师范大学，2010.

［27］邢道均．农村中小企业融资效率及区域比较研究［D］．南京：南京农业大学，2011.

［28］高友才．企业融资效率研究［D］．武汉：武汉大学，2003.

［29］付明明．关系型融资效率研究［D］．杭州：浙江大学，2005.

［30］陈晓红，周颖，邹湘娟．基于 DEA 方法的民间金融资本运用效率研究［J］．经济问题探索，2006（5）：101－105.

［31］王新红．我国高新技术企业融资效率研究［D］．西安：西北大学，2007.

［32］张琦．基于共生理论的中小企业集群融资风险分摊机制［J］．湖南商学院学报，2010，（6）：655－69.

［33］刘克，王岚．产业集群中中小企业外部融资效率研究：制度理论的视角［J］．当代经济科学，2010，32（2）：11－19.

［34］黄伟芳．我国中小企业集合债券融资方式研究［J］．商场现代化，2012，（9）：28－29.

［35］周颖，沙磊．中小企业集合债券的关键特征对其融资效率影响的实证研究——对优化和推动中小企业集合债券产品的启示［J］．管理工程学报，2013，27（1）：185－190.

［36］樊纲．谁来给中小民营企业贷款？［J］．科技导报，2000，18（1）：26－27.

［37］韦曙林．论中小企业融资与金融制度创新［J］．经济纵横，2002（3）：25－27.

［38］陈晓红．中小企业融资创新与信用担保［M］．北京：中国人民

大学出版社，2003.

［39］夏斌．力促金融创新，推进金融业健康发展［J］．现代商业银行，2005（6）：22－26.

［40］方中秀．金融衍生工具在企业管理中的应用探讨［J］．世纪桥，2006（5）：69－70.

［41］古赞歌，卜庆军．基于产业集群的中小企业融资问题研究［J］．商业研究，2006（22）：132－135.

［42］刘峰，郑垂勇．中小企业集群融资研究探讨［J］．商场现代化，2007（4）：337－338.

［43］林忠．中小企业集群融资优势探析［J］．时代金融，2006（11）：95.

［44］吴小瑾，陈晓红．基于社会资本的集群中小企业融资行为研究［J］．中南财经政法大学学报，2008（3）：121－127.

［45］孙林杰，许智超，高丽军．中小企业融资创新体系的构建及仿真模拟［J］．科技管理研究，2008，28（3）：121－124.

［46］陈晓尘．我国中小企业融资创新的政策研究［D］．上海：上海交通大学，2008.

［47］张娜，黄咏梅．我国中小企业夹层融资的经济动因分析［J］．工业技术经济，2008，27（5）：159－160.

［48］王性玉，车存保．夹层融资及中国应用问题探析［J］．金融理论与实践，2008（7）：24－27.

［49］青木昌彦．经济体制的比较制度分析［M］．北京：中国发展出版社，1999.

［50］洪少杰，梁彤缨．中小企业关系型融资技术经济与管理研究［J］．企业经济，2003（11）：88－89.

［51］孙亚云．中小企业关系型融资研究［J］．技术经济与管理研究，2008（5）：64－66.

[52] 张杰，尚长风. 资本结构、融资渠道与小企业融资困境——来自中国江苏的实证分析 [J]. 经济科学，2006，28 (3)：35 – 46.

[53] 卢现祥. 论我国的体制性非正式金融 [J]. 财贸经济，1997 (5)：31 – 34.

[54] 成思危. 中国风险投资三步走战略 [J]. 国际融资，2001 (1)：30 – 33.

[55] 黄慧敏，付剑茹. 利用风险投资解决科技型中小企业融资难题 [J]. 金融与经济，2008 (3)：77 – 79.

[56] 马健. 信息产业融合与产业结构升级 [J]. 产业经济研究，2003 (2)：37 – 42.

[57] 黎刚华. 不对称信息与中小企业融资创新探讨 [J]. 开放导报，2006 (5)：100 – 103.

[58] 李勇. 商业银行投资银行业务之路 [J]. 银行家，2007 (3)：50 – 53.

[59] 李慧. 中小企业资产证券化融资方案探析 [J]. 财会月刊，2007 (36)：11 – 12.

[60] 邓明然，张润斌. 资产证券化——中小企业融资新方式 [J]. 当代经济，2008 (8)：128 – 129.

[61] 梁笛，张捷. 银行贷款技术创新对中小企业融资的影响——对中小企业保理融资的实证研究 [J]. 金融经济学研究，2007，22 (5)：84 – 88.

[62] 周乐秀. 中小企业资产证券化融资的经济分析 [J]. 时代经贸：学术版，2008，6 (9)：24 – 26.

[63] 李琳. 集合债券：中小企业融资新途径？ [J]. 理财，2007，3 (9)：76 – 77.

[64] 王晓红，严春香. 集合债券：中小企业融资的新渠道 [J]. 金融纵横，2008 (10)：12 – 15.

[65] 张庆珂，朱伟．中小企业联合发债创新研究 [J]．西南金融，2007 (9)：55－55.

[66] 院美芬，王娟，张文强．中小企业集合债券的信用关系研究 [J]．经济研究导刊，2009 (13)：79－81.

[67] 金丹，张国亮．对发展中小企业集合债券的思考 [J]．中州学刊，2009 (3)：47－49.

[68] 张军，林俊华．中小企业集合债券融资制度探究 [J]．江西社会科学，2010 (6)：170－173.

[69] 程展．国务院：大力拓展小微企业直接融资渠道 [J]．企业改革与管理，2013 (9)：84.

[70] 关于促进产业集群发展的若干意见．北京商报，2007－12－06.

[71] 齐友发．美国中小企业融资经验及启示 [J]．财会通讯，2011 (17)：152－153.

[72] 杨丹．后危机时代中小企业融资多元化创新杠杆探析——借鉴美国“硅谷银行”和 SBA 融资模式 [J]．中国商论，2011 (15)：123－124.

[73] 倪春海，石义斌．小企业融资工作国际经验借鉴 [M]．北京：中国民主法制出版社，2007：172－173.

[74] 杨晓庆．日本韩国中小企业融资研究 [D]．长春：吉林大学，2013.

[75] 周颖．中小企业集合债券研究 [D]．长沙：中南大学，2009.

[76] http：//www. p5w. net/stock/zt/zxb5/，中小企业板设立五周年 发展迅速 贡献卓著，全景网，2009 年 5 月 25 日．

[77] http：//www. szse. cn/main/marketdata/tjsj/jbzb/，深圳交易所官网，2018 年 5 月 8 日．

[78] http：//www. szsc. cn/main/marketdata/tjsj/jbzb/，深圳交易所官网，2018 年 5 月 20 日，数据整理得到．

[79] http：//www. chinanews. com/fortune/2017/04－05/8191659. shtml，

新三板挂牌公司突破 11000 家 总市值达 44391 亿，中国新闻网，2017 年 4 月 5 日.

[80] http：//www. chinaipo. com/stock/，2018 年 5 月 8 日.

[81] http：//www. chinaipo. com/news/55749. html，新三板 2017 年报点评：创新层、基础层营收“增速差”收窄 互联网仍“最热”，2018 年 5 月 9 日，数据并加以整理所得.

[82] 曾康霖．怎样看待直接融资与间接融资 [J]．金融研究，1993 (10)：7－11.

[83] 刘海虹．国有企业融资效率与银行危机相关问题研究 [J]．财经问题研究，2000 (3)：41－45.

[84] 马亚军，宋林．企业融资效率及理论分析框架 [J]．吉林工商学院学报，2004 (2)：19－23.

[85] 伍装．中国中小企业融资效率研究 [J]．软科学，2006，20 (2)：132－137.

[86] 魏开文．中小企业融资效率模糊分析 [J]．金融研究，2001 (6)：67－74.

[87] 方芳，曾辉．中小企业融资方式与融资效率比较 [J]．经济理论与经济管理，2005 (4)：38－42.

[88] 陈晓红．论中小企业融资与管理 [M]．长沙：湖南出版社，2003.

[89] http：//finance. sina. com. cn/stock/marketresearch/2018－01－03/doc－if yqefvx6066073. shtml，2017 可转债达千亿市场 大金融成可转债融资主要行业，新浪网，2018 年 1 月 3 日.

[90] 庄新田，周玲春．基于双因素的可转换债券定价模型 [J]．东北大学学报（自然科学版），2006，3 (5)：320－323.

[91] 张国永，田金信，徐凯．信用风险下基于 Black2Scholes 的可转债定价模型及其应用研究 [J]．中国管理科学，2006 (10)：289－293.

［92］于孝建．可转换债券的定价改进模型与实证分析［J］．华南理工大学学报（社科版），2006（10）：45－50.

［93］张江红，杨善朝．可转换债券定价的三叉树方法［J］．太原师范学院学报（自然科学版），2007，（7）：8－11.

［94］www. finance. sina. com. cn，防范金融风险必须解决间接与直接融资比例倒挂，新浪财经网，2017 年 12 月 22 日．

［95］http：//stock. hexun. com/2017－08－11/190415660. html，央行：把发展直接融资放在重要位置 改善间接融资结构，证券时报网，2017 年 8 月 11 日．

［96］http：//www. gov. cn/xinwen/2018－04/13/content_5282242. htm，2018 年 3 月末社会融资规模存量统计数据报告，中国政府网，2018 年 4 月 13 日．

［97］张尧庭．连接函数（Copula）技术与金融风险分析［J］．统计研究，2002（9）：48－51.

［98］韦艳华，张世英，郭炎．金融市场相关程度与相关模式研究［J］．系统工程学报，2004（4）：355－362.

［99］李悦，程希骏．上证指数和恒生指数的 Copula 尾部相关分析［J］．系统工程学报，2006（5）：87－92.

［100］http：//baike. baidu. com/view/436895. htm，中小微企业标准暂行规定，2003.

［101］http：//www. gov. cn/zwgk/2011－07/04/content_1898747. htm，关于印发中小微企业划型标准规定的通知，工信部联企业〔2011〕300 号，中央政府门户网站，2011 年 7 月 4 日．

［102］中华人民共和国国务院公报，2012（2）：16－18.

［103］王兰．TBSME 技术能力与融资策略匹配研究［J］．会计之友，2015（13）：38－41.

［104］安宝洋．互联网金融下科技型小微企业的融资创新［J］．财经

科学，2014（10）：22－26.

［105］邹辉霞，刘义．P2P 网络借贷模式下的小微企业融资问题研究［J］．商业研究，2015（2）：1－7.

［106］茹莉．破解科技型小微企业融资难问题的对策［J］．经济纵横，2013（9）：91－93.

［107］王黎华，韩俊华，干胜道．TBSME 互联网金融支持研究［J］．科学管理研究，2016（2）：95－99.

［108］黄明刚，杨晌．贫困地区中小企业融资模式创新研究——基于互联网金融新业态视角［J］．技术经济与管理研究，2016（5）：55－60.

［109］袁剑．我国中小企业融资优化问题研究［D］．吉林：吉林大学，2017.

［110］罗志华，黄亚光．西方中小企业融资担保体系运行机制研究：一个文献综述［J］．经济体制改革，2017（2）：163－170.

［111］张英杰．科技型中小企业互联网众筹融资现状及对策——基于浙江省的实证分析［J］．中国科技论坛，2017（1）：82－85.

［112］马松，潘珊，姚长辉．担保机构、信贷市场结构与中小企业融资——基于信息不对称框架的理论分析［J］．经济科学，2014（5）：62－78.

［113］陆宇锋，张智勤．强化中小企业政策性融资担保机制研究——基于新常态下的福建银行业监管视角［J］．金融监管研究，2015（12）：89－104.

［114］林辉，杨旸．互联网金融及其在中小企业融资中的应用研究［J］．华东经济管理，2016（2）：8－13.

［115］张涛，周勇．内源融资式产业转移：特点、问题与对策［J］．河北学刊，2015（4）：148－151.

［116］杨艳．中小企业融资结构的影响因素研究［J］．经济师，2018（4）：75－77.

［117］胡旭薇，陈宁泊，王芸．浙江省中小上市企业股权融资效率影响因素［J］．经管研究，2013（9）：132－134.

［118］崔杰，胡海青，张道宏．非上市中小企业融资效率影响因素研究——来自制造类非上市中小企业的证据［J］．软科学，2014（12）：84－88.

［119］黄玉英，余克艰，娄淑珍．整合视角下中小企业融资效率影响因素研究［J］．科技进步与对策，2015，32（15）：104－109.

［120］尹丹莉．当前我国财政扶持中小企业融资的政策分析［J］．中央财经大学学报，2011（8）：18－22.

［121］张晓玫，宋卓霖，何理．银企关系缓解了中小企业融资约束吗——基于投资现金流模型的检验［J］．当代经济科学，2013，35（5）：32－39.

［122］林毅夫．分类解决中小企业融资［J］．中国房地产业，2014（4）：32－33.

［123］胡怀邦．开创开发性金融服务国家战略新局面［J］．中国中小企业，2015（3）：62－63.

［124］田厚平，刘长贤．企业资产规模、信贷市场结构与中小企业融资［J］．管理科学学报，2010（5）：52－61.

［125］盛世杰，周远游，刘莉亚．引入担保机构破解中小企业融资难：基于期权策略的机制设计［J］．财经研究，2016（6）：63－73.

［126］薄纯伟．SME 融资新渠道——股权融资［J］．东方企业文化，2013（23）：24－27.

［127］Marvel HP, Ray EJ. The Kennedy Round: Evidence on the Regulation of International Trade in the United States［J］. American Economic Review, 1983, 73（1）: 190－197.

［128］Fazzari SM, Athey MJ. Asymmetric Information, Financing Constraints, and Investment［J］. Review of Economics & Statistics, 1987, 69（3）:

481 - 487.

[129] Joseph E Stiglitz, Andrew Weiss. Credit Rationing in Markets with Imperfect Information [J]. The American Economic Review, 1981, 71 (3): 393 - 410.

[130] Breit W, Hochman HM. Readings in microeconomics [J]. American Economist, 1971, 13 (2): 135 - 169.

[131] Berger A, and Udell G. The economics of small business finance: The roles of private equity and debt markets in the financial growth cycle [J]. Journal of Banking and Finance, 1998, 22: 613 - 673.

[132] Beck T, Demirgüç - Kunt A, Maksimovic V. The influence of financial and legal institutions on firm size [J]. 30 (11): 2995 - 3015.

[133] Durand D. Costs of Debt and Equity Funds for Business: Trends and Problems of Measurement [C]. National Bureau of Economic Research, Inc, 1952: 215 - 262.

[134] Modigliani F, and Miller M H. The Cost of Capital, Corporation Finance and the Theory of Investment [J]. American Economic Review, 1958, 48 (3): 261 - 297.

[135] Jensen Michael, C., and William H Meckling. Theory of the Firm: Managerial Behavior, Agency Costs and Ownership Structure [J]. Journal of Financial Economics, 1976 (3): 305 - 360.

[136] Rajan R G, and L Zingales. What do we know about Capital Structure? Some Evidence from International Data [J]. Journal of Finance, 1995, 50: 1421 - 1460.

[137] Myers Stewart, and Nicholal S Majluf. Corporate Financing and Investment Decisions when Firms have Information that Investors Do Not Have [J]. Journal of Financial Economics, June, 1984, 13 (2): 187 - 221.

[138] Ross, S A. The Determination of Financial Structure: the Incentive

Signaling Approach [J]. Bell Journal of Economics, 1977 (8): 1 - 32.

[139] Douglas W Diamond. The Choice between Bank Loans and Directly Placed Debt The Journal of Political Economy [J]. Aug., 1991, 99 (4): 689 - 721.

[140] Berger A, Udell. The economics of small business finance: The roles of private equity and debt markets in the financial growth cycle [J]. Journal of Banking and Finance, 1998 (22): 23 - 33.

[141] Cosh A, Hughes A. Small business enterprises in the 1990's: the 1991 and 1997 CBR Sample Sample Surveys compared [J]. Management & Production Engineering Review, 1998, 357 (2): 324 - 335.

[142] Allen N, Berger and Gregory F, Udell A. more complete conceptual framework for SME finance [J]. Journal of Banking & Finance, 2006 (30): 2945 - 2966.

[143] Berger A, Udell. The economics of small business finance: The roles of private equity and debt markets in the financial growth cycle [J]. Journal of Banking and Finance, 1998 (22): 63 - 73.

[144] Berger A, Udell. The economics of small business finance: The roles of private equity and debt markets in the financial growth cycle [J]. Journal of Banking and Finance, 1998 (22): 13 - 23.

[145] Barbosa E, Moraes C. Determinants of the Firms Capital Structure: the case of the Very Small Enterprises [C]. Working Paper from Econpapers, 2003.

[146] Teresa Hogan, and Elaine Hutson Most. Capital structure in new technology - based firms: Evidence from the Irish software sector [J]. global Finance Journal, 2005 (15): 369 - 387.

[147] Dries Heyman, Marc Deloof, and Hubert Ooghe. The Financial Structure of Private Held Belgian Firms [J]. Small Business Economics, March,

2008, 30 (3): 301 -313.

[148] Nasierowski W, Arcelus FJ. On the efficiency of national innovation systems [J]. Socio - Economic Planning Sciences, 2003, 37 (3): 215 -234.

[149] Liu, Q. Analysis on financing efficiency of listed small and medium business [J]. Journal of Theoretical and Applied Information Technology, 2013, 48 (1): 158 -161.

[150] Zhou Z, Tian Y, Liao H, et al. Analysis of governance efficiency of family business financing structure based on DEA model [C]. Lecture Notes in Electrical Engineering, 2013, 227 (5): 567 -574.

[151] Ang J S. Small Business Uniqueness and the Theory of Financial Management [J]. Journal of Entrepreneurial Finance, 1991, 1 (2): 1 -13.

[152] Banerjee AV, Newman AF. Poverty, Incentives, and Development [J]. American Economic Review, 1994, 84 (84): 211 -215.

[153] Jayaratne J Wolken J. How important are small banks to small business lending?: New evidence from a survey of small firms [J]. Journal of Banking & Finance, 2004, 23 (2 -4): 427 -458.

[154] Thorsten Beck, and Asli Demirguc - Kunt. Small and medium - size enterprises: Access to finance as a growth constraint [J]. Journal of Banking & Finance, 2006, 30 (11): 2931 -2943.

[155] Boot A, Thakor A. Security design [J]. Journal of finance, 1993 (48): 1349 -1378.

[156] Peterson M. A, Rajan R. G. The Benefits of Lending Relationships: Evidence from Small Business Data [J]. Journal of Finance, (1994) 49: 3 -37.

[157] Berger AN, Udell GF. Relationship Lending and Lines of Credit in Small Firm Finance [J]. Journal of Business, 1995, 68 (3): 351 -381.

[158] Petersen MA, Rajan RG. Does Distance Still Matter? The Informa-

tion Revolution in Small Business Lending [J]. Journal of Finance, 2002, 57 (6): 2533 - 2570.

[159] Berger AN, Udell GF. Small Business Credit Availability And Relationship Lending: The Importance of Bank Organisational Structure [J]. Economic Journal, 2002, 112 (477): 32 - 53.

[160] Elsas R, Heinemann F, Tyrell M. Multiple but asymmetric bank financing: the case of relationship lending [J]. Social Science Electronic Publishing, 2004 (8): 23 - 32.

[161] Helmut Bester. Screening vs Rationing in Credit Markets with Imperfect Information [J]. The American Economic Review, 1985, 75 (4): 850 - 855.

[162] Berger A, Udell C. The economics of small business finance: The roles of private equity and debt markets in the financial growth cycle [J]. Journal of Banking and Finance, 1998 (22): 613 - 673.

[163] Avery RB, Bostic RW, Samolyk KA. The role of personal wealth in small business finance [J]. Journal of Banking & Finance, 1998, 22 (6 - 8): 1019 - 1061.

[164] Steel WF, Aryeetey E, Hettige H, Nissanke M. Informal financial markets under liberalization in four African countries [J]. World Development, 1997, 25 (5): 817 - 830.

[165] Wihlborg C, Isaksson A. Financial Market Characteristics [J]. Journal of Personal Finance & Economics, 2002 (28): 27 - 38.

[166] Abereijo IO, Fayomi AO. Innovative Approach to SME Financing in Nigeria: A Review of Small and Medium Industries Equity Investment Scheme (SMIEIS) [J]. Global Journal of Business Research, 2005 (1): 121 - 133.

[167] Green RC. Investment Incentives, Debt and Warrants [J]. Journal of Financial Economics, 1984 (13): 115 - 136.

[168] Brennan M. J, Schwartz E. S. The Case for Convertibles [J]. Journal of Applied Corporate Finance, 1988 (11): 55 -64.

[169] Stein, J. Convertible Bonds as back boor Equity Financing [J]. Journal of Financial Economics, 1992 (32): 22 -35.

[170] Mayers, D. Why Firms Issue Convertible Bonds in Matching of Financial and Real Investment Options [J]. Journal of Financial Economics, 1998 (47): 85 -98.

[171] Brennan, M J, Schwartz, E S. Convertible Bonds: Valuation and Optimal Strategies for Call and Conversion [J]. The Journal of Fianance, 1977, 32 (5): 1699 -1715.

[172] Brennan, M J. , Schwartz, E S. Finite Difference Methods and Jump Processes Arising in the Pricing of Contingent Claim: A Syn - thesis [J]. Journal of Financial and Quantitative Analysis. 1978, 13 (9): 462 -474.

[173] Cox J, Ross S, Rubinstein M. Option Pricing: A Simplified Ap2proach [J]. Journal of Financial Economics, 1979, 10 (7): 229 -264.

[174] Francis A, Eduardo S, Schwartz. Valuing American Options by Simulation: A Simple Least - Squares Approach [J]. Review of Financial Studies, 2001, 14 (1): 113 -147.

[175] Manuel Ammann, Axel Kind & Christian Wild. Simulations based pricing of convertible bonds [J]. Journal of Empirical Finance. 2007: 1 -22.

[176] Jasper Klewer, Cheung, Bakkers. The Countermeasure of the Shortage of Funds in Small and Medium - sized Enterprises [J]. American Eeonomics Review. Vol. 70, 1981: 393 -410.

[177] Robert W Matthes, David A Topmiller. The Reasons for the Shortage of Funds in Small and Medium - sized Enterprises [J]. Journal of Business, Vol. 68, no. 3. (1995): 351 -381.

[178] Ivan, Santini, Profdrsc Sopta, and Martina MSc. Dose Internal Fi-

nancing Deserve More Attention. An Enterprise Odyssey [J]. International Conference Proceedings, 2008: 714 - 728.

[179] Dewaelheyns, Nico, Cynthia Van Hulle. Internal Capital Markets and Capital Structure: Bank Versus Internal Debt [J]. European Financial Management, 2010 (3): 345 - 373.

[180] Bharath S T, Dahiya S, Saunders A, et al. Lending relationships and loan terms [J]. Review of Financial Studies, 2011, 24 (4): 1141 - 1203.